王學之

中州學派經典系列 八

方術紀異 下

圓方立極

「天圓地方」是傳統中國的宇宙觀，象徵天地萬物，及其背後任運自然、生生不息、無窮無盡之大道。早在魏晉南北朝時代，何晏、王弼等名士更開創了清談玄學之先河，主旨在於透過思辨及辯論以探求天地萬物之道，當時是以《老子》、《莊子》、《易經》這三部著作為主，號稱「三玄」。東晉以後因為佛學的流行，佛法便也融匯在玄學中。故知，古代玄學實在是探索人生智慧及天地萬物之道的大學問。

可惜，近代之所謂玄學，卻被誤認為只局限於「山醫卜命相」五術、及民間對鬼神的迷信，故坊間便泛濫各式各樣導人迷信之玄學書籍，而原來玄學作為探索人生智慧及天地萬物之道的本質便完全被遺忘了。

有見及此，我們成立了「圓方出版社」（簡稱「圓方」）。《孟子》曰：「不以規矩、不成方圓」。所以，「圓方」的宗旨，是以「破除迷信、重人生智慧」為規，藉以撥亂反正，回復玄學作為智慧之學的光芒；以「重理性、重科學精神」為矩，希望能帶領玄學進入一個新紀元。「破除迷信、重人生智慧」即「圓而神」，「重理性、重科學精神」即「方以智」，既圓且方，故名「圓方」。

出版方面，「圓方」擬定四個系列如下：

一．「智慧經典系列」：讓經典因智慧而傳世；讓智慧因經典而普傳。

二．「生活智慧系列」：藉生活智慧，破除迷信；藉破除迷信，活出生活智慧。

三．「五術研究系列」：用理性及科學精神研究玄學；以研究玄學體驗理性、科學精神。

四．「流年運程系列」：「不離日夜尋常用，方為無上妙法門。」不帶迷信的流年運程書，能導人向善、積極樂觀、得失隨順，即是以智慧趨吉避凶之大道理。

在未來，「圓方」將會成立「正玄會」，藉以集結一群熱愛「破除迷信、重人生智慧」及「重理性、重科學精神」這種新玄學的有識之士，並效法古人「清談玄學」之風，藉以把玄學帶進理性及科學化的研究態度，更可廣納新的玄學研究家，集思廣益，使玄學有另一突破。

作者簡介

王亭之原名談錫永，廣東南海人，一九三五年生。童年受家庭教育，植好國學基礎。於香港雖從事金融行業，卻成名於文化界。以機緣巧合，得中州學派傳承，經用心研究，將此傳統學術結合現代社會文化背景後，決心將之公開，以期令其得以廣弘。

然而一生用功之處卻在於佛學，近年編譯四套叢書共六十餘種，皆為次第弘揚如來藏思想之作，廣受國際佛學界注目。

近年於加拿大創辦「北美漢藏佛學研究會」，有二十餘位國際佛學者加入；於北京協同成立「漢藏佛學研究中心」，兼任中國人民大學客座教授，講授佛學，及培養漢藏佛學研究人材。

自序

對於方術，王亭之一向抱着既不全面否定，亦不全面肯定的態度。為什麼不否定，因為有些人的確具有超乎常人的根識，例如人的聽覺受聲波幅度限制，假如能超越這些限制，那就可以聽到一般人所不能聽到的聲音，在方術的層面，就可以稱為「道術」，或如今人之稱為「異能」。

然而為什麼又不肯定呢？

任何方術，包括星相風水，都有它的局限性，是故許多稱為「大師」的人，漁色漁利或者得意，可是其際遇卻往往不足為外人道。由是可見方術之不足盡恃。至於不學無術之輩，假方術之名，迹同行騙，那就更不在討論範圍之內。

了解方術的局限，非常重要，否則便會變成迷信。古往今來，許多人即因迷於方術而致身敗名裂，甚至國破家亡。這些人認為方術萬能，卻不了解業力的重要。

佛家說業力，即所謂因果。然而因果卻非宿命，因為單獨具有一因，並不能立即生起善惡果報，必須還要客觀條件成熟，因才能生果。此即如單獨一粒種子不能生成果實，必須種植、培養，才能種瓜得瓜，種豆得豆。所以果報的生起，除因之外還須具備諸緣。人若能依佛法修行，善緣具足，惡緣不生，則自能會善因生善果，而惡因則不起，由是命運便發生改變。

但倘若恃着方術，利用方術，以為可藉此以求名利而不擇手段，那麼，所作皆為惡緣，自然所生唯是惡果。

因此，必須站在「因果」、「緣起」的立場來對待方術，然後才不致迷於方術，而能善用方術。

本書名為《方術紀異》，目的卻並不在於利用「異」來眩惑人心，讀者應於「異」的背後知其局限，且能知緣起，然後才能了然於方術的作為。所以說起來，學佛實在比學方術重要。學佛又須求解脫而不求執着於自我的福報，然後才不致為「異」所誤。是有厚望於讀者。

一九九七年七月　王亭之於圖麟都

目錄

測字篇

詳夢篇

謠讖篇

相術篇

由巫蠱說到望氣

傳說受巫蠱禁咒之人，氣色跟常人有異，精於此道者，可以觀其氣色即知其受何種禁咒，此言不知是否屬實。

大馬有一個巫師稍向王亭之透露，說人若中了猛烈的降頭，臉色初時反而紅潤，但紅潤而浮，其氣如流，那就要提防降頭發作。

如果照這說法，中國傳統方術中的「望氣」，便似乎跟南洋巫師有點淵源。據說望氣之術，可由臉部氣色知人所中的是「邪祟病鬼妖」，分為五科。其中的「邪」，包括瘟疫，即是傳染病；亦包括「內邪」，那就是人體醞釀着的重病，在今日，則應包括癌症和愛滋。

這望氣之術，實非沒有科學根據。人體內部機能有變化，在外部自應有所流露。所以中醫診症亦須望、聞、問、切。望也者，包括觀察病人的氣色，不只是望望舌苔，有時甚至要觀察病人的膚色。

春秋時，師曠見太子晉，一望其氣色即語之曰：「汝聲清浮，汝色赤，火氣不壽。」這即是嫌其氣色赤而浮。蓋色浮者聲亦必浮。浮也者，即是說話沒有尾音。要認識浮聲很容易，有一位時時對新聞界發表高見的名人，初聽其語氣似關德興，然而關德興卻有清而重的尾音，其人的聲音截然而止，了無尾音餘韻，斯即浮也矣。

扁鵲相齊桓侯

中國的相人之術，來源其實很複雜，大致來說，應該包含望氣、相畜、醫術等因素，其中自然有陰陽五行。

我們先談醫術方面的因素，歷史上有一則很著名的故事，扁鵲相齊桓侯。

扁鵲去到齊國，齊桓侯仰慕其聲名，便招待他。扁鵲因此入朝見桓侯。既見，扁鵲對桓侯說：「君侯有疾，疾在腠理，若不醫治恐怕病會變深。」桓侯搖頭道：「寡人無疾。」及扁鵲退，桓侯便對他左右的人說道：「醫生一定好利。明明人家沒病，卻說人病，如果給他醫，當然容易醫好，那麼他就可以邀功受賞了。」

過五天，扁鵲上朝見齊桓侯，對他說：「君侯的病已到了血脈，不醫病就更深了。」桓侯不理他。及扁鵲退，桓侯不悅。

再過五天，扁鵲又上朝見齊桓侯，望見桓侯之後，急急退出。齊桓侯覺得奇怪，因使人問其究竟。扁鵲說：「病在腠理，湯藥以及按摩推拿可以醫好；病在血脈，針灸可以醫好；病在腸胃，用藥酒可以醫好；若病在骨髓，那就連老天爺都沒有辦法。如今桓侯的病已在骨髓，所以見到他我便不再說話。」

五日後，齊桓侯病發，叫人找扁鵲，扁鵲已不辭而別。桓侯於焉病死。

扁鵲由氣色可以看出齊桓侯的病深淺，是故巫師便亦可以由氣色來看人的精神狀態——因為邪、祟、病、鬼、妖五者，實在必有精神上的變異因素。

《素問》記黃帝與雷公的問答，即是由氣色知人精神狀態變異之例。

雷公問黃帝，有些病人，明明已經見其病情轉好，卻忽然暴斃，何以知之？黃帝答道：「如果兩顴赤色，大如拇指，病雖小愈必猝然而死；如果天庭有黑氣，大如拇指，則無病而猝然死。」

所以到了《神相全編》出現的時代（宋至明代），術者便總結了由氣色看死亡的三條法則：面色有赤暴如火者，命短卒亡；面色如塵埃者，貧下夭死；面色怒變青藍者，毒害之人

（亦主不壽）。

由此發展，便用氣色來看五臟六腑的病。例如白氣表徵其人體虛寒，即所謂「寒底」；黃氣表徵濕重；紫氣表徵有瘀；黑色表徵機能衰歇；赤氣表徵虛熱。再發展下去，便是用氣色來看人的吉凶休咎了。

相馬之術

氣之外還有形。由形來相人，當然經過多少年相人的社會經驗積累，然而於相人之外，相畜的經驗其實亦有用於相人術之上。《漢書藝文志》有《相六畜》三十八卷，可見經驗之豐富。

六畜之中，跟人關係最大的是牛馬，二者之中，馬又比牛更加重要。因為馬是戰爭工具，臨陣之際，只須馬一失前蹄，便可以導致主人陣亡。生死攸關，自然要仔細研究相馬之術。

《三國演義》形容戰馬，最威武者當然數關公所騎的赤兔。日行千里，臨陣不驚，自然是匹良馬。然而描寫得最神奇者則莫如劉備所騎的「的盧」。

的盧是匹黑馬，惟獨額頭有一點白，相信這種馬必妨主人。它原先是呂布的坐騎，後來呂布果然慘死，於是落在劉備胯下。曹劉大戰，劉備敗走，到了檀溪之前，劉備望望溪水漫漫，端的是前無去路，於是一提馬韁仰天長嘆：「的盧的盧，你果然妨害主人。」誰知此際那的盧馬卻奮起神威，一躍而過十丈溪水。劉備因而死裏逃生。當時的人，認為劉備有如天助，所以才不因其戰敗而小覷了他。由此故事，可見當時對相馬之重視，亦可見相馬術之成熟。

據《呂氏春秋》所載，當時相馬的術士還各有專科。寒風專相口齒；麻朝專相面頰；子女厲專相馬眼；衛忌專相馬髭；投伐褐專相馬的胸脅；許鄙專相馬的糞便；秦牙相前；贊君相後。這即是說，每位術士個人積累的經驗不同，是故便各有專長。

春秋貴族重相術

正由於相人術有相畜術的成分，所以相學中才有許多用禽畜來形容的術語，或將人相按禽畜之形的類別來分。所以至今還有鼠形膽小、牛形鹵莽、象形貌沉穩而狡之類的說法。

由氣色結合相畜，再加上人生經驗，在春秋時代我們便已有了很準確的相法。這些相法故事，屢見於《左傳》。

魯文公元年，周天子派內史叔服到魯國參加葬禮。公孫敖知道叔服懂得看相，便請他為自己的兒子一相，叔服說：「他的下頷生得很豐滿，晚年在魯國一定很得意。」

這相法，便相等於今人之所說「地角方圓」了。凡地角方圓者晚年一定安泰，不圖這說法從春秋時代便有。

周天子大會諸侯，派單成公做主禮。晉大夫叔向參加會盟之後，對人說：「單成公命不久矣。他身為主愷官，可是雙目老是望着地下，腰帶之上便望不到了；說話的聲音又小，隔兩步便聽不清楚，那便是神氣已衰的象徵，其人的命絕不會長。」果然，一年不到，單成公便死了。

由這幾則故事，便可見我國春秋時代，相術已在貴族社會中流行。

吳越二國的相術例子

春秋時代，相術固然有專業，但業餘人士亦多高手。這裏可以舉兩個例子。

伍子胥由越國逃亡至吳國，為了掩飾身份，便披髮佯狂，行乞於市。吳國卻有一個「市吏」，即等於如今國內派出所的所長同志之類身份的人，一眼就看出伍子胥的身份有詐，便把他拉過一旁，密密查問，問出此乞兒原來是鄭國的國防部長兼水陸二軍總司令，這還得了，吳越向來世仇，時時打仗，如今竟然獲得了越國的軍事頭頭，自然如獲至寶，因此便把伍子胥獻給吳王僚，王僚一見伍子胥，亦立刻予以重用。

後來伍子胥做了吳國的軍事頭頭，興兵攻打越國，由於他深知越國軍事底細，自然節節勝利，連越王勾踐都俘虜了回來。這時候，人們才佩服當年那市吏的相術高明。因為他不但能相出人的身份，還能相出其人可用不可用，這便不是一件容易的事。

蓋相術實乃眾多術數中最實用的一種，略知一二，便足以識人。

話說吳將伍子胥滅越之後，將越王勾踐俘虜，越國的大臣便自然密謀復國，其中最得力的兩位大夫，便是范蠡和文種。

這位范蠡是我國歷史上的一位奇才。他精通政術之外，還精通做生意，有一句成語叫做「富比陶朱」，成語中的「陶朱」便是指范蠡了。然而他於政商兩途之外，居然還懂得相術。所以他一相西施，便知道這美女可以做間諜，再相越王勾踐，便知道此人「可與共患難，不可與共安樂」，因為他生得「長頸鳥喙」。

許多人稱讚范蠡之相越王，讚其因此能功成身退，不貪利祿，所以才能得保首領，跟西施遊於五湖而終老，王亭之則賞范蠡之能相西施。因為要揀一個美女易，要揀一個能做間諜，能向吳王夫差施反間計的美女則難。

知人以相，是很重要的事。孔子云：「以貌取人，失之子羽」，似乎是反對相術，其實恰恰不是。蓋「以貌取人」並非相術也，它只是俗人的「皮相」。若乎相術，則相其神、相其氣、相其心、相其骨，豈只「流年部位」那麼簡單也矣。

識英雄於未遇時

相人之難，難在「識英雄於未遇之時」。秦始皇時，黥布流落市井，鬥雞飲酒，屠狗走馬，偏偏便有人相出他將來可以封王，但在發迹之前卻一定要受一次刑法。

後來黥布果然出事，受了刑法，還流放到驪山去做苦工，有如今日之「勞改」。可是他卻因此參加了陳勝的起義軍，後來又依附項羽，封為淮南王。只是當年相黥布的人是誰？文獻中卻沒有記載了。

大約與此同時，還有一位呂公善於相人。他見到劉邦落難，不但收留他，還將女兒呂雉嫁給他。呂公對劉邦說：「我自小就喜歡相術，且相人多矣，從沒見過有人能及你的相貌，希望你能夠自愛。我有一個小女，願意將她嫁給你。」劉邦這時，哪還有不答應的道理。

不過這呂雉也非同小可，她後來居然將劉邦控制得貼貼服服。她也似乎精通相術，說韓信有反骨，因此親自設計誘斬韓信。然而她的相術卻顯然不及乃父，所以才會拚命抬舉自己外家那支人馬，確立「諸呂」勢力，終於弄到整個外家覆亡。呂公之相劉邦，似乎是好事，結果則家敗人亡，這應不是呂公始料之所及也。故王亭之每說，若懂得點術數，便憑此來胡作非為，結果一定逃不過因果業力。術士焉可不以此為戒耶。

相形與相氣

中國的相術，實在大成於漢代。春秋戰國只可說是醞釀期，因為那時國家多變動，凡多世變，便多奇能異士出頭的機會，由是便使相術多了許多徵驗的機會。

漢代以前，相人又只重形，故令尹子上相太子商臣，謂為「蜂目豺聲」，主為人殘忍；唐舉相蔡澤，謂為「曷鼻」（蠍子鼻）；尉繚相秦始皇，謂為「蜂準、長目、摯鳥膺、豺聲、虎狼心」，由是離開秦國，不肯做他的臣下。

其所以重形，那是因為相人術其實亦有相畜術的徵驗在內。由相家畜，發展到以野獸禽蟲的特徵為相，雖形而下，往往亦相當準確。

至於相氣色，其實亦屬於形而下。蓋氣色與人的體質有關，是故相氣色的徵驗實來自醫學。後來發展到用氣色來看心理，那便已經是相術的一大進步。漢代有兩位思想家，一位是王充，一位是王符，兩個老王都主張無神論，反對術數，可是他們兩位卻都相信相術。為什麼？即是因為由相術可以察人之心理，所以他們便認為跟術數之迷信不同。

王符提出，「骨法為要，氣色為候」，這便已進步到形氣兼察，也可以說是形態與心理並重的相術。

善相者要言不煩

三國時的牛輔，門下客有善從氣色觀心理者，故每當客人求見，必先令門下客相之，看有沒有「反氣」，若無，然後牛輔才肯加以接見。這便是看心理的例子了。「反氣」云乎哉，蓋只不過是由氣色來看其人是否「危險人物」而已。蓋三國世亂，禍福每多不測，牛輔便不能不小心點，以免受到牽連。

所以我們可以這樣來總結一下古代的相術發展——漢代以前，相術重形、重色；漢代開始，相術然後才重骨格、重氣、重神。唐宋以後，則神、氣、骨、形、色等諸法大備，又復總結為種種「格」。可是明清以來，相學卻又流於江湖，江湖之士只重皮相，是故便又重「流年部位」之類，斯又形而下之甚者矣。

善相之士，要言不煩，往往一言半語即道着關鍵，豈如江湖術士之口若懸河也耶。

漢代許負為名相士，他相周亞夫，只說道：「你三年後封侯，持國家重權八年，可是第九年後便入厄運，數當餓死。」寥寥幾句，便說盡周亞夫的下半生。

後來周亞夫果然封侯，不久，吳王濞作亂，周亞夫領兵平服，於是拜為丞相，掌國柄八年。其子卻偷偷買入皇宮的御用品，由是周亞夫牽連入獄，亞夫憤懣，乃絕食而死，真如許負當年之所言。

憑奇相登帝位的故事

魏末，晉王司馬昭已實際上掌握了國政，只在名義上還保留「魏」這朝號。所以當司馬昭病重議立子嗣之時，實際上已等於立太子。一時滿朝文武甚為緊張。

其時司馬炎怕不得立為子嗣，知道司馬昭最信裴秀，便私下拉着裴秀問他：「你相不相信人有相？」裴秀愕然，司馬炎於是乃為他出示自己的兩種奇相：第一，手長過膝；第二，頭髮可以長到拖地。

裴秀見了，便對司馬昭說：「中撫軍既得人望，又有奇相，這絕非是做人臣的人。」由是司馬昭才決定立司馬炎為嗣。是年十二月，司馬炎索性篡了位，建立晉朝，名正言順地做了皇帝。

歷史上，這是憑「奇相」而登帝位的故事。若司馬炎無此奇相，則必不能說動裴秀也。

然而憑相選人，卻亦往往大失。如隋文帝要立太子，便密令相士來和遍觀諸子。這個來和真是看走了眼，對文帝說：「晉王眉上雙骨隆起，貴不可言。」於是文帝便留意晉王。這晉王即是楊廣，也即是歷史上著名好色荒淫的隋煬帝。來和選中他，可謂走了眼。然而亦有謂文帝諸子皆不成器，惟有楊廣有點氣候，來和只好在矮子隊裏選將軍，將他選出來。

然由此故事，足知國人之重相法也。

無良相士誤國

漢代皇室相信相術，因此立皇后、選宮人、封大臣，大都聽信術士之言。

然而術士之言有可靠有不可靠，端視人品而定。譬如術士推薦李固，說他「鼎角匿犀」（頭蓋的骨如鼎，有三處突起，隱隱接着額頭的伏犀骨），由是受到朝廷重用，及後官拜太尉，位極人臣。李固亦能盡忠職守，策劃政事，尤其是善於提拔人材，成為一代名臣。這可以說是術士的推薦沒有錯。

不過相士蔡通於永建年間為漢順帝選皇后，受了梁冀的賄賂，便說梁冀的妹妹「日角偃月，相之極貴，臣所未嘗見也。」漢順帝依言立之為皇后。

幾年後，漢順帝聽梁皇后的說話服春藥，不久即便病死，梁皇后於是掌權，才一年便廢掉了繼位的漢冲帝；第二年，又毒死了再繼位的漢質帝。其兄梁冀既為大將軍，掌全國兵權，兄妹二人合謀，真可稱為權傾天下。

後來立質帝的族叔劉志繼位，是為漢桓帝。桓帝剛立，梁冀立刻逼皇帝下旨殺了太尉李固。這桓帝畢竟機智，事事聽命於梁冀，又醇酒美人，完全不過問朝政，如是十二年之後，才藉宦官單超等五人之力，誅殺了梁冀。

然而從此宦官當權，終於天下大亂。追源究始，可以說是無良相士誤國。

黃霸相妻故事

後漢之世，不但朝廷規定選宮女皇后要「年十三以上、二十以下，姿色端麗，合相法」，連官吏娶妻娶媳婦，都要找相士來物色對象，那時候的婚姻本來講究門當戶對，但往往因相士之一言，便連門戶都不必講了。

例如西漢時的黃霸，家世甚好，又有名望，肯定指日可以飛黃騰達。有一巫師想將女兒嫁給他，可是世族與巫師家世相距太遠，這巫師便串通一個素來被黃霸相信的相士。他們安排好，相士跟黃霸同車出遊的一天，故意讓巫師的女兒露臉，這相士便作大驚之狀說：「這女子的相貴不可言，一定旺夫，若不然，天下的相書便都要燒掉了。」黃霸聞言，立刻命下人打聽這女子的家世，也不嫌她出身卑微，遣媒行聘，自然一說便合。不過後來黃夫人亦相夫有道，黃霸為官清正，頗有政聲，所以也不能說這相士有什麼不妥。

這種橋段，千多年後依然有人使用，許多烏鴉便因此飛上枝頭作鳳凰了。只不過時代愈晚，術士的風格卻愈低下，後漢的相士無非只是看面相，今日的一些術士，卻下流到專門論「內相」。「內相」也者，即是不見人的地方，有一個自稱名家的人，擅長「拉馬」，便是靠看烏鴉輩的「內相」，斯亦可謂玷污術數也矣。

王亭之一段「秘史」

王亭之自己有一件「秘史」，也跟相術與婚姻有關，可以一述。

當王亭之初出生時，因為家道還算殷厚，所以才一滿月，便有人送來許多年生八字要對親。那時庶祖母盧太君很主張替王亭之先訂親，而且認為妻子大丈夫兩年最適合，蓋將來便於當家也。

經過算命佬左挑右揀，終於揀到一張年生，那女孩子姓黃，大王亭之兩歲，如是便過禮下文定了。對方算是高攀，自然歡喜到不得了。可是過幾年，抗日戰爭爆發了，勝利才五年，廣州便解放，是故一直雙方都未提親事，王亭之也只在街上，經人指點，才算見過這「老婆仔」一面。其時已迭經世變，王亭之還哪會把這頭親事放在心上。

可是對方的父親卻忽然找上門，不是提親，而是一本正經地退親，要王亭之找回當日送來的年生退還。這些東西，經過兩次大變，哪裏還找得出來，然而對方卻苦苦相逼，還說要告到派出所。派出所居然派一個同志來警告王亭之，說「封建婚姻」無效。王亭之說：「我幾時說過要娶他的女兒？我幾時當過這段婚姻有效？」那個同志卻依然對王亭之訓示一番，還要王亭之學習「新婚姻法」，真的沒給他氣死。

王亭之給派出所同志纏到沒有辦法，只好向省委投訴。那時省委宣傳部跟王亭之有點關係，便一口答應替王亭之搞掂。果然說掂就掂，過幾天，便再不見派出所來催王亭之學習「新婚姻法」了。

本來以為事情可告一段落，誰知不然，對方的母親卻忽然出面。這一回不是逼退親，卻是提親事了。那婆娘對王亭之極口埋怨老頭子糊塗，不應該不顧口齒，女兒既然吃過王亭之茶禮，就是王亭之的人，所以應該揀日子拉埋天窗云云。

王亭之給那婆娘悶到火起，便走到派出所去找那名同志投反訴，要他警告對方「封建婚姻」無效。那個同志真的聽到一頭霧水，弄了半天，才明白逼婚的不是王亭之，而是對方。

後來有人告訴王亭之，原來土改之後，對方急到不得了，便悄悄地找人來相王亭之，看是否還堪做他們的女婿。相士說王亭之是破敗之相，貧賤終身，而且還貧無立錐之地。這麼一說，那還了得，那父親便出面退親，而且還誣捏王亭之違反「新婚姻法」。派出所盲天黑帝，先入為主，不問清楚便來「教育」王亭之，據說還準備組織街坊開會，集體來對王亭之批評云云——因為那時推行「新婚姻法」還沒變成鬥爭，是故便只批評耳。

然則，後來對方為什麼忽然態度轉變，居然又來提親事呢？

原來他們是從派出所那裏得知，說王亭之在省委有後台。那時的廣東省委書記是南天王陶鑄，在廣州，一提到省委二字，人人腳軟，蓋此機構簡直可以左右人的生死。王亭之居然有這機構的後台，那還得了。

他們由郵政局那裏，又打聽到王亭之每月收過千元的稿費——那時的稿費很高，廣州的標準是每千字二十五元，出書還有版稅，加上其時出一本書動輒出十萬冊，因此稿費版稅收入豐厚是很平常的事。這些稿費版稅一律由郵局撥匯，所以郵局職員很清楚王亭之的收入。王亭之到郵局收錢，櫃台的職員羨慕到出口：「你一個月收入，重多過我們兩年工資。」王亭之聽到背脊生寒。

這麼左打聽右打聽，對方便找過另外一相士來相王亭之了。據說這相士對王亭之評價不俗，恰恰跟第一個相王亭之的相士說法相反，因此對方便改變主意，由母親出面來提親了。翻手為雲，覆手為雨，真的轉變得太快。你說，王亭之怎敢找這樣的人來做岳父岳母。後來對方的女兒出嫁了一個海關中級幹部，但翌年丈夫便死。給他們相女婿的相士，便不知怎樣自圓其說矣。

唐代相神的故事

相人的終身窮通得失，不能光憑看部位五官，必須兼相其神宇心術，所以很難。蓋能相人神宇者必須自己先作修養，養好自己的神，然後才能相人之神，是故歷代的名相士多出於道家。若相士的修養一失，相人便不準矣。由是有些人初出道時，言談微中，及至成名之後，酒色財氣，錢銀女人，江湖恩怨諸多紛擾，於是相人便如捕風，連他自己都茫然一片空白。

唐代的張憬藏便是一個例子。關於他的故事，筆記小說多有記載，最著名的一次是他初出道時，偶然見到三個士子郊遊，張憬藏忽邀他們三人坐地喫杯酒，那三個士子無可無不可，便席地圍坐，跟張憬藏喝酒聊天。及至酒酣，張憬藏忽然對他們說：「三位珍重，你們三人將來都做到宰相，不過卻以這位相公的勢位為最大。」當下三個士子聽了，雖然歡喜，也不甚為意。然而後來卻果然應驗，他們三個即是姚崇、李景秀、杜景佺，都拜相，只不過惟有姚崇能稱為一代名相。

可是後來張憬藏的相術便不靈了。有一個人名叫劉思禮，出重資請張憬藏看相，張憬藏說他可以位至太師。及後，劉思禮做到箕州刺史，便以為相術有準了。誰知後來卻斬首於刑場，太師夢，一場空。張憬藏如斯失準，即是名成利就之累。

關於姚崇的發迹，也真與張憬藏有關。

在《大唐新語》中便有這麼的一則故事——

當太平公主把持朝政之時，朝臣多傾附公主，惟有姚崇敢於抗公主之命，以致被貶官為申州刺史。這件事，當時未登位的唐明皇記在心中，對姚崇十分賞識。

及至誅太平公主之後，明皇登位，便徵姚崇為同州刺史，那就是近在京師做官了。姚崇跟當時的宰相張說一向有心病，張說便令人上彈章奏姚崇犯事，明皇見章，放在一旁不理。

過了兩個月，明皇忽然說要出獵渭水，那正是同州的屬地。明皇於是密召姚崇相見，既見，明皇劈頭便問他道：「你懂不懂打獵？」

姚崇奏道：「臣在三十歲以前，不努力讀書，終日在山澤中以呼鷹逐兔為樂。及後遇到張憬藏，他對臣說：君當位極人臣，幸毋自暴自棄，臣聽了，才折節讀書。臣既少年時多行獵，如今自然亦能行獵。」

唐明皇見奏，大悅，於是與之並馬而行。姚崇指揮鷹犬，果然十分在行，明皇更加歡喜，於是與之談朝政，姚崇勸明皇，功臣有功可以封賞田宅，卻不必用官祿來酬庸，因為他們未必懂得政事，這恰恰針對了唐代的政治腐敗。明皇聽奏，旋即拜姚崇為相，由是天下大治，開元年間稱為盛世。

然而張憬藏實非不學無術之輩，他有一宗看相的故事，便是相人神宇的代表作。

其時有一位郎中，他的妾侍趙氏生得很美，舉止有大家風範，曾請人看相，皆認為乃一品夫人之相，可以旺夫。那位郎中因此把她寵愛到不得了。

及至張憬藏入長安，那郎中便請他為趙氏看相。張憬藏看完之後，要單獨跟趙氏說話，曰：「夫人果然貴相，只是必須戒淫，否則會有五個男人在你的宅中守候，等待你召喚，可是你最後亦必遭刑法。」

趙氏出來，郎中問她張憬藏說些什麼，趙氏只說他斷為貴相。郎中半信半疑，問張憬藏，張憬藏卻不肯說。

後來趙氏果然不安於室，跟宅中五個僕人私通，尋且將丈夫毒死，案發受刑。其時武則天失敗未久，人皆視趙氏為小武則天。

這樁故事，便是相人之神矣。傳說張憬藏謂趙氏的眼神為「豬視」，且曰「豬視者淫」，所謂「豬視」，即是眼神煥散，視之若注於東，其實眼神卻在於西。列位讀者如果有留意電視，應該亦有機會看到這種眼神。所以看相若僅重流年部位，三停五官，則實皮相而已。必須相其神宇，然後才能定人的窮通貴賤，賢愚忠佞。

唐代還有著名相士袁天綱，相傳他跟李淳風合著《推背圖》，預測未來世事。

袁天綱是四川人，四川於唐代時為益州，跟西域接鄰，所以袁天綱便學到西域的相法，他將之跟中原相法結合，一時成為真正的名家。貞觀初年，唐太宗曾召見他，令其為竇軌、杜淹等大臣看相，看到馬周，袁天綱謂其福薄。果然馬周於四十三歲時便死於旅次，應驗了袁天綱的推斷。

相傳武則天幼年時見過袁天綱，袁天綱謂其為「龍瞳鳳頸，當貴為天子」，人家問：「這是個女孩，怎可以做天子？」袁天綱只笑笑不言。但這故事過分吊詭，可信的程度不大。反而關於袁天綱的西域相法可以一談。西域相法重相氣、相骨，那其實亦等於相人的神宇，不過稍為形而下一點耳。

陳希夷善相骨

由於西域相法的傳入，因此我國到了宋代，便亦有骨法之相了。

五代末年，道士陳希夷很有名，他曾在市上見到趙匡胤、趙匡義、趙普三人，一見即邀其入酒肆飲酒，且逕自安排座次，趙匡胤首座，匡義次之，趙普居三，自己敬陪末座。因此一頓酒，陳希夷便結識了兩君一相。蓋其後趙匡胤即帝位，是為宋太祖；匡義繼位，是為宋太宗，而趙普則為宰相。在喝酒時，陳希夷排的座次，實在已暗示了三人的地位。

據說，陳希夷當時所據者即為骨相。

骨相之術，跟摸骨不同。

摸骨完全是形而下，骨相則形而上，術者根本不必用手去摸，只憑看人的骨格神采器宇，以及言談舉止，就可以定人的貴賤壽夭。

宋太宗年老，令陳希夷遍相諸子，看誰人堪繼帝位。陳希夷未入壽王府，僅至其門，與門客二人交談數語，即便回報太宗：「壽王真天下主。」那時有人篤他的背脊，說他根本未見壽王一面。太宗問他，他說：「壽王的門下二客，一將一相，由是推斷壽王必為人主，否則門下客何以能成將相耶？」太宗由是決心立壽王繼位，即是後來宋真宗。

至於那兩個門下客，果然後來亦分別位至將相。

然而陳希夷雖善相骨，卻似乎仍未至頂峰。有一段故事，可以證明強中自有強中手。

錢若水少年時謁陳希夷求相骨法，陳希夷熟視良久，曰：「過半個月請再來。」

半個月後，錢若水果然依期而至，陳希夷卻將他引入山齋，齋中唯一火爐，只見一老僧披着一件破棉衲，瞑目坐在爐邊。錢若水向老僧作揖招呼，那老僧卻理也不理。於是三人便圍着火爐默坐，良久，陳希夷才問老僧：「怎麼樣？」只見老僧搖頭道：「無此骨。」

陳希夷便對錢若水說：「你三日後再來此處。」錢若水於是告退。

錢若水如期再往，陳希夷對他說：「我初見你時，但見你神清氣爽，覺得你若學仙道，可以白日飛昇，可是未敢決定，所以才約你半月後來，待那老僧相你。然而老僧卻說你沒有仙骨，這樣說來，你無非只是人間的公卿，得富貴長壽而已。」

錢若水問那老僧是何人氏，陳希夷說：「他即是麻衣道者。」

照這故事說來，麻衣的相法又高陳希夷一等了。世傳麻衣及其弟子柳莊的相法，只重部位，由這故事看來，所傳相法可能只是偽託。蓋由漢人之重形格，發展到唐人之重神宇，是相學的進步，沒理由到宋代又再退回重部位。

神宇不同性格

人每以為相人之神，即是相人的性格，其實不然，神采器宇跟性格了無關係。

五代時，有一個不倒翁馮道，歷事五朝，官居宰輔，性格溫和，好好先生之至。他曾跟和凝同事，和凝則性急。

一日，和凝見馮道着一對新靴，因問道：「買了多少錢？」馮道舉起左腳給和凝看，說道：「九百。」

和凝聞言，立即譴責身邊的小吏說：「為什麼你替我買靴，卻說要一千八百文，那豈不是報大了一倍數。」小吏分辯說不曾賺半文錢價，和凝拍案大怒，不信小吏所言。

那馮道待和凝發完脾氣，卻徐徐舉起右腳對他說：「這一隻也是九百。」於是引起哄堂大笑，和凝面紅耳熱。

如果論性格，人一定詬病和凝偏急，而欣賞馮道的溫婉幽默。可是當時卻有相士，獨稱和凝富貴令名終身，而卻賤馮道而不肯替他看相，私下且謂其「神鄙氣賤」。由是可知，人的神宇實跟性格不同也。

然而相神氣實在甚難，據高人云，相人神宇須在其人急時、喜時、怒時、悲時、樂時，而不在其肅容俛相之時。換言之，必須要在其七情發動之時相之，然後始得其真。蓋神難在完，氣難在清，七情動而猶完猶清，則難得矣。

鮑魚王阿一的相格

我國的相人術，至宋代已發展至高峰，其時西域的相人術又由天山南北路以及南海水道傳入，於是更加推進了這門術數的發展。

《青瑣高議》記西域胡僧所傳的相法云——「氣欲伏，不欲發；骨欲細，不欲露；肉貴厚而瑩；髮貴黑而光；目欲相去遠而黑白分明；眉欲秀而沈唯相對而起；口紅潤而方；鼻隆高而貫。」

這些相法，包含了神氣、骨法、體態、部位，已可謂集相法的大成。也可以說是中國相法與西域相法兩種文化交流的產物，只不過文人好奇，乃獨稱讚西域而已。

關於上述相法，王亭之可以舉一個公眾人物為例，那就是「阿一鮑魚」楊貫一。當其未成名時，王亭之暗中為其看相，但見其氣伏而不發；骨細而不露，口鼻眉眼均不俗，乃問其生辰八字，為之起一斗數盤，然後始謂之曰：「你有二十年好運，一定揚名國際。」那時阿一聽起來還以為是神話，一家飯店的主事人焉有揚名國際之理耶。如今，許多國家元首都想一見此名廚。

古人相十，重能立身朝廷，為民請命，而不相其本人的享受祿命，是故便重神宇骨氣。

宋人相神的故事

宋人的相法故事中，亦有一則，可謂識英雄於未遇之時。

錢若水曾在家中延請一相士看相，慎重其事，吩咐看門人不得讓任何客人內進。然而相士剛坐下不久，便聽見門外有喧爭之聲。錢若水叫看門人進來問，對曰：「門外有一秀才欲請謁，告訴他有客，他怎樣都不肯走。」錢若水吩咐拿他的名帖來看，上面寫着「臨江軍進士王欽若」。心想，他既然是本地人，又是進上，不妨叫他來一見。

王欽若既入，錢若水見他只戴頭巾，心中已不高興，再看他行路如雀躍，腳跟不點地，加上一個大喉結，真是形容難看。待他開聲時，又是一把鵝公喉，聲音嘶啞，錢若水自然便不把此人看在眼內。可是那個相士，端相了王欽若一番之後，卻連錢若水都不管，只逕自移座，便坐在王欽若身邊。

錢若水覺得王欽若很討厭，略一招呼便把面色給他看。王欽若見話不投機，便告辭了。他走，那相士居然不顧主人，隨着他離座而去。錢若水心中覺得很不是味道。

後來他使人問那相士，相士說：「此乃大富大貴而且高壽的相格，只有一點美中不足，命中無子。」後來王欽若果然拜相，八十餘歲才死，宋真宗命其女婿為嗣子。

那相士不因王欽若形容鄙陋而小看了他，於其微時即許其富貴壽考，當然不是憑部位來看相，而是論其神氣骨格。孔子說：「以貌取人，失之子羽」，並不是否定相法，只是否定光憑形容來論相，那位宋代相士可謂得孔子之心矣。

亦有人跟王亭之看過相，許為中富。其時為七十年代後期，那相士許王亭之有九千萬身家。當時王亭之不禁好笑，因為他只相王亭之的鼻，以鼻為財星，是故云云，況且當時拉王亭之去看相的，是一位上海中富，未看其人，先看其友，這原是江湖術士的伎倆，是以便亦以中富許王亭之矣。殊不知王亭之的相壞在神不足，氣不沉，因此根本不可能富貴，而且世壽亦不高，能浪得虛名，只是骨格尚非下賤而已。所以找江湖術士看相，無非只博一笑，千祈不可當真。蓋相神、相氣、相骨，皆非易事也，而流年部位、五官三停等等形而下的相法，則雖三腳貓亦優為之。

有一位自命為名家的人，發免費證替一個女人看相，實質是將之作為授課的活教材。他將那女人說得一錢不值，算到人流淚還不收口。後來那女人設法託人介紹來見王亭之，王亭之見其部位雖差，但神氣卻清朗，於是稍加援手，後來便相當安樂了。此即相神之一例。

俗語說「相由心生」，果然。可是一般人卻不知道，人相貌的改變，先由神氣改變起，氣先變，然後形貌才隨之改變。

有些人，本來下巴尖削，一般相士必以為其人晚運欠佳，可是只須其人心地正直，到晚年下巴的長相便會改善，由尖削變為圓正。長相的改變牽涉到骨格，本來人到晚年骨格早已成型，如何還能改變呢，殊不知氣到則形隨，是故氣變便能形變。

因此說「相由心生」，實際上是說形而上的氣質改變，神彩氣機的改變，形而下的相貌部位，只是神氣的附屬品。

當年葉特生患癌，夏婕甚為內疚，因為她旅遊西藏，在古格里廢墟中撿來兩具印模的泥佛像，回到香港，一具送給葉特生，一具送給王亭之。葉特生患病後，有術士認為是佛像之累，便將佛像交回夏婕。

王亭之既知此事，便叫夏婕將佛像拿來，省得她疑神疑鬼，且告訴她，葉特生一定不死，因為他的氣很沉，凡氣沉者必享高壽。夏婕當時只半信半疑，如今則應該相信王亭之所占言矣——反而有一位電視藝員，宣稱秘方治好癌症，王亭之在熒光幕見其神浮氣浮，便只笑笑，而不久該藝員便死於癌症矣。蓋葉特生不同此人者，正在於氣先變好。

關於王欽若的宦途經歷，實在亦跟相術有關。

宋真宗年間，王欽若雖已官拜「參知政事」，但卻實在未當朝柄。其時西遼入侵，宋真宗聽寇準之計，決定御駕親征，大軍至澶淵，成兩軍對峙之局，因為西遼的蕭太后亦親自領軍，準備決戰。

那時宋真宗忽然想起，河朔一帶後防空虛，萬一前線大軍失利，西遼可以一舉直陷河朔，如是則京師便亦危殆。因此問計於寇準。寇準說：「如今的情形，選將不如福將。臣觀眾大臣的神采，惟王欽若堪稱有福，可以令他守河朔。」真宗以為然。

寇準便召王欽若，派他守天雄關。王欽若驚懼，寇準卻飲之以御酒。然後命人挾他上馬。

命令道：「上馬杯！」王欽若這時已無法可想，惟有馳馬入天雄。沿途但見西遼兵駐紮，他潛入關中，也不敢出兵，只命將四門用木石屯塞，自己則終日危坐於北門。

如是過了七日，西遼已與宋軍結盟，退兵而去，那王欽若冷手執個熱煎堆，受封為「中書門下平章事集賢殿大學士」，那就是拜相了。待寇準退休，王欽若便獨持國柄。

寇準只是當時的宰相，於用人之際竟亦憑相人術，同時又能相王欽若之神，由是可知我國的相學，在宋代已達高水平。

相神必先相其耳

宋人所傳的相學，相人的福澤，必先相神氣。種放見陳希夷，陳希夷倒屣而迎，既坐，相種放良久，對他說道：「君他日甚為顯貴，官至侍郎。」種放不悅，答道：「我來不是為了看相。」陳希夷卻笑笑說：「貴不可為賤，賤亦不可為貴，你的神氣骨格都主貴，是故你雖想退隱山林亦必不可得。」

後來種放果然給朝廷召官，晚年亦果然官至侍郎。

為什麼神氣主人福澤呢？道理很簡單，說「相由心生」，其實心所改變的正是神氣。許多時，一個人的五官部位本來未變，因為神氣變了，所以看起來便亦覺得五官部位改變。至於變好變壞，當然亦隨神氣的好壞而定。

有時候，由於神氣改變，亦導致骨格、相貌改變。最容易改變的是耳珠。神氣變好，耳珠便會變得油潤，接着還會變長；神氣若變壞，則耳珠變得乾枯，同時還會漸漸縮短。

照宋人的說法，凡老虎吃一人，則耳必有一缺，所以若捕得老虎，見其兩耳如鋸，便知此虎食人甚多。老虎如是，人亦如是，人若心術不正，則神氣改變。由形而上之變而導致形而下之變，亦如老虎，其耳先變。

這相耳之術，王亭之認為甚準，讀者不妨留意時時上電視的人物。看公眾人物上電視，是練習相術的好機會。有些人，神宇氣色會突然改變，如果改變得大，不久就有新聞發生，真可謂屢驗不爽。

王亭之當年學相，還是個小孩子，隨世叔伯飲茶，無非只在陶陶居、北園、福來居等幾家，所以見到的茶客大多熟口熟面。世叔伯指點，某人如何如何，王亭之便將此人端相一番，有時甚至可以走近過去端相，反正是個孩子，別人不會見怪。

要學女相，則必須在陶陶居。這家茶樓傳統是相睇二奶之地，一個卡位，坐着一個大婆、一個媒婆、一個給人相睇的女仔，至少有二個女相可相。其時廣州的女界不到茶樓飲茶，是故便非找相睇的場合不可，否則無由得學女相了。

有一次，王亭之見到一個姓韓的世叔伯在相睇二奶，教王亭之相法的前輩指點云：「老韓的神色甚佳，三五年內不會破敗，但這女子面目雖姣好，不過卻是大破敗之相，所以老韓應該不會討此女為妾。」

誰知王亭之藉着上洗手間之便，偷偷去相那韓某的耳，但見其耳珠背後已有乾枯之象，便回座對世叔伯說及，世叔伯嘆曰：「那就可能要準備人情了。」

而已，韓某果然在紫洞艇擺酒納妾，不三年即以破產聞。

陳繼堯的相法

江湖術士相人，一味按定流年部位，相人決無先相耳之理，其言曰：「耳主童年，早就過去了。」這便是不知人的相貌隨神氣而變哇，先變耳朵的道理。

耳變、鼻接着變。特別是有鼻節的人，有時你會覺得他的鼻節忽然難看起來，或者忽然變得很順眼，那就是神氣已變的徵兆。相形而上的神氣很難，藉形而下來相形而上，便容易許多。相鼻節即是一個例子。

從前香港有一位陳繼堯，他以相人氣色聞名，其實他所精的，正是由形而下來相人之神。因此愈是老主顧，他便相得愈精。蓋惟對老主顧然後才能瞧得出形而下的改變也。

王亭之二十年前去找過他，他端相良久，問過「貴姓」，忽拍案曰：「紹如六爺是你什麼人？」答曰：「先父。」他便隔着桌子抱着王亭之道：「你是我的小師弟！」原來陳繼堯的父親，即是當日省城有名的相士金聲甫，至今還有人頂着這名字來掛牌。金聲甫曾教過王亭之相法，因此陳繼堯便叫王亭之做小師弟了。他逝世時，王亭之已居夷島，竟未能送他一程，至今心中不無遺憾。

王亭之當日問他，為什麼會提起先父？他說：「你的神似六爺。六爺的相，我小孩子已睇慣了。」

陳繼堯當日曾跟王亭之透露，他小時候學相，他的父親曾以王亭之的先父為例，教他相法。所以他便時時跟着他父親金聲甫，在晚上到王亭之寒舍作客。

他對王亭之說：「紹如六爺一生講究飲食，吃魚只吃魚臉珠肉；吃飯要吃三年陳米；吃肉要吃切到風吹得起的薄片肉。先父說，六爺的相，三停五官都很平凡，惟神宇好，所以一生無功名而得享受。小師弟，你的神似六爺，應該亦有享受。」

這便真的給他相中了。王亭之一生莫財，銀行數字是「低六位」，買一間廁所都不夠錢，可是王亭之卻可以依然式飲式食，寫這篇稿時，還可以喝着上好的鐵觀音，邊飲邊寫。人在圖麟都，雪櫃可以有香港的阿一鮑魚。近年王亭之偏愛吃素，便有人合股開一家「王亭之素食」，專門供應王亭之的家廚素食。亦有人專門烹飪王亭之的家廚葷食，正宗太爺雞、香酥牛肉卷、茶香蝦，一一依古法炮製。論飲食享受，銀行有十位十一位數字的人都未必能及也。

不過王亭之先父未享高壽，只是死得合時且死得安詳而已。他死後一年，家便破了，後來親友還盛讚其早死反是福。

相髮無非是相神

宋人相神，還藉頭髮、頭垢來作為媒介。明人所撰的《金瓶梅》，說西門慶召一個「待召」來沐髮梳頭，那侍召恭喜他說：「不日將有喜訊。」那時西門慶正在謀官，聞言甚喜。果然不到十日，他就藉蔡太師門下翟管家之力，做了個提刑官，等於縣級公安局長。這一節小說，正好說明宋元明三代的相法，連替人沐髮梳頭的人都有本行傳授。

相人之髮，其實並非相髮的本身，只是藉此來看神旺與不旺。相書說，髮早白者凶，髮粗疏者凶，如是種種說法甚靠不住，那是專用形而下來相髮了。

相髮是否潤澤，也未必靠得住，多梳洗，自然容易潤澤，若宋代的王安石，一年不洗一次頭，那就自然髮色不佳。

詩人陸游日梳髮一千下，到晚年依然髮色烏潤。但若論功名利祿，人生際遇，甚至論及成就，陸游都處處不及王安石。

由此可知，相髮不能貌相，必須兼取其神。

宋代相士王蓬頭，偶見晏殊的女兒背影，一相其髮，再相其行步，即稱其為夫人的貴相。試問，遙遠望過去豈能知髮的形而下也，惟其相神，才可以遙遙望去，驚鴻一瞥亦可推斷其相格高下。是故形而下為次，形而上的神才是相人的要點。

省港澳的「江相派」術士

中國的傳統相法，其實很科學，無論相神、相氣，以至相流年部位，都是經驗的累積。由相法來測知性格人格，再結合社會背景，當然便可以定人的窮通得失。

可是無論什麼方法，有正便必有邪。像中國的傳統氣功，本可收健體強身之益，然而一變成「異能」，立刻便邪起來。倘如不是有今日的社會背景，「異能」恐怕還不易被踢爆也。然而「異能」一爆，卻連我國傳統的正宗氣功亦受累，那才叫做殃及池魚。

相法也不例外，一旦流入江湖，便多虛偽造作。解放前，省港澳的「江相派」便是一個藉看相來行騙的大幫會。如今該幫中人自行撰文將其組織以及行騙手法公開，甚至連人物姓名都公開，相信許多老人家會大吃一驚，當時招牌響噹噹的相士，卻原來是個騙子，一定出乎他們意料之外。

其實這類騙子如今又何嘗沒有，只不過手法更高明，包裝又比他們的前輩好，於是人們便更難發現其弄虛作假而已。

王亭之且根據已發表的「江相派」資料，一談此派的騙術。資料雖舊，但我們卻無妨舉一反三，由是便可知道現代江湖相士的手法，無非只是舊樣翻新。是故「江相派」雖然解體，卻實在值得一談。

「江相派」的大本營在廣州以及香港，旁及南番順珠江三角洲一帶，當然包括澳門。遠一點，便去到以新加坡為中心的南洋。也可以這樣說，他們是以廣府話地區作為其活動場所，大腳色在大城市活動，小腳色則到處走埠，甚至下鄉。

「江相」的意思，有人說即是「江湖宰相」，但亦有人說即是「江湖相士」，依王亭之拙見，後者應該是其本義，後來誇大了，才自命為「宰相」。

這個組織，據資料透露，雖然以相命先生為主，但亦收羅神棍、道士、僧尼、齋姑、廟祝等人物，甚至還利用到喃嘸佬與小偷。這些人多少懂得魔術，縱使其本人不懂，他的助手亦一定懂點「手彩」（變魔術的手法），甚至懂得下迷藥與催眠。

所以這幫人一旦聯手起來，受行騙的對象（即所謂「阿一」）便很難脫身。只是他們亦有行規，一定不會騙到人傾家蕩產，同時更以騙色為重戒，這便算是盜亦有道。

「江相派」跟洪門有點關係，他們奉洪門五祖之一的方照輿為祖師。方照輿是康熙年間的人，用相命先生身份行走江湖，掩護自己的反清活動，卻料不到會成為江湖術士的祖師爺。

相傳方照輿傳授過四個弟子，所以「江相派」便也分四門，即乾、坤、坎、離四大房。他們的首領稱「大學士」，以下設狀元、榜眼、探花、翰林、進士、舉人六級。凡有師門傳承的，一出身便是翰林，以後有資格升至大學士，做「師爸」。若非「正途出身」，則只能由舉人升至進士。

大埠頭，有三幾個大學士，小埠頭，則由一個大學士主管。派中人士要向大學士進貢，所以一旦身為大學士的人，可謂收入甚豐。不過他們卻有責任照顧那些落難的本門弟子。

大學士之上，還有一個「通天教主」，那就是掌門人了。民國以後，第一任通天教主是張雪庵，第二任是何立庭。何立庭在荷里活道設館。館中設有鴉片煙局，經常二三十人在他館中開伙食，真可謂紅極一時。

他們的生意，以「班目」（看相）為主。師門傳授的秘本，稱為《英耀賦》，要探花以上級數的人才可以收徒弟傳授。然而這個秘笈，王亭之卻藏有它的影印本，那是蒙林真先生影印相送。國內如今踢爆「江相派」的人，始終未有將這秘笈公開。

「江相派」的傳授，分「法」「術」兩門。「法」即是「師門大法」，也就即是那篇《英耀賦》。「術」則有兩本秘笈，一為《紥飛篇》，一為《阿寶篇》。林真先生僅將前者影印給王亭之，後篇則缺，不知是不是連他自己亦沒有。

所謂「紥飛」，即是如何行騙的方法，行騙靠嘴頭，術語叫做「昆馬」。你本來去看相，卻可以由看相變相成拜神，那就是行騙的第一步矣，這時「班目」的人已落足昆馬，昆到你非去拜神不可。他跟廟祝聯手，就可以「紥飛」也矣。

「昆」人去拜神，最好的藉口便是「拜甩粒衰星」，或者「拜旺粒財星」。拜的時候，他們會用「火彩」，即是令拜神的人見到光，光一閃即滅，那就是拜得靈驗云云。

如今流行密宗，因此神棍便打起密宗的招牌，弄到滿街都是「上師」或「甯波車」，所用的手法亦無非「紥飛」而已。

「江相派」叫受騙的對象做「阿寶」，或者「阿一」，《阿寶篇》應該即是對受騙對象作種種分析。蓋《紮飛篇》教的是手段，要靈活運用手段，還得看「阿寶」的反應，是故「術門」便有兩篇秘本焉。

如是三篇，便「法」與「術」俱備，該派中人，至少要是翰林身份才能有此。

十多年前，王亭之收過一封讀者來信，說找某相士看相，靈到十足，相士卻預言她明年即守寡，後年死兒子，因此這位師奶便立刻面青口唇白矣。相士依足《紮飛篇》的教導，說可以跟她用「斗轉星移大法」，改造她的命運，是為「改命」，偉大到極。

到施「斗轉星移大法」，還要改風水，家居風水不在話下，連葬在和合石的先人墓穴都要改，加上拜七七四十九日北斗七星，這筆費用一算下來，「先生唔係志在賺你錢，只不過見你好，而且彼此有緣，先至幫吓你」，可是亦要七八萬銀。在十多年前，那是一筆可觀的銀兩矣。

那讀者相信王亭之，因此寫信求教，希望王亭之跟她算算斗數，看是否真的會夫死兒亡。王亭之於是便跟那位師奶見面，問曰：「佢睇相睇得很準？」答曰：「準到十足十。」王亭之於是叫她回憶看相的過程，如何一問一答，再將《英耀賦》及《紮飛篇》翻出來給她看，她才明白，原來是自己向睇相佬提供資料——《英耀賦》的威水即在於此矣，能令人自動提供資料而不自知，於是便將「先生」看成為食飯神仙。

結果王亭之累到那位「江相派」後人「紮飛」不成。

「江相派」的背語

「江相派」有許多「行話」，看相叫做「班目」；占卦叫做「叩經」；算命叫做「問丙」；看風水叫做「尋龍」。丈夫叫做「七」；妻子叫做「八」；父親叫做「天」；母親叫做「地」；兄弟姐妹叫做「比」；兒子叫做「錐」（或作「追」，實誤）；男人叫做「七佬」；女人叫做「星枝」；官吏叫做「拖尾」；商人叫做「生孫」；顧客叫做一哥」（「一」是死人之意，那是將顧客當成死人）。

有錢叫做「火」，窮困叫做「水」；倒霉叫做「古」；蠢鈍叫「帝」；撈到霉叫做「壽」；因行騙失手而落難不敢浮頭，叫做「帝壽」；施騙術叫做「做阿寶」。一定要識這些行中背語，然後才能讀得明《英耀賦》、《紥飛篇》與《阿寶篇》。

例如《英耀賦》說：「八問七，喜者欲憑子貴，怨者實為七愁；七問八，若非八有事，定然子息艱難。」若不知，七八是指夫妻，便很難明白它的意思。

他們套資料的方法，叫「敲打隆千審賣」，一共是六個法門，六個法門並用，加上許多做作，再鑒貌辨色，便很容易將「一哥」的資料套齊。有一個斗數大師便很精通這套方法，王亭之見他用過，他還自鳴得意，蓋不知王亭之亦看過《英耀賦》，知道這些江湖手法也。

江湖術士「做阿寶」（行騙），一定有許多助手。首先要人替他宣傳（以王亭之的江湖地位，如果肯做宣傳，肯定發到盤滿砵滿。由此列位即可猜知「宣傳」一字的涵義）。其次還要有人做「媒」，即是替他們拉「阿寶」。最後還要有點江湖勢力支持，萬一穿崩，這股勢力便可以出來料理打點，軟硬兼施。

凡做相士，更必須時時換檔地。所以一間相命館，往往三易其主，阿甲掛完牌到阿乙掛。這一做法亦有江湖訣為證，叫做「醫要守，相要走。」為什麼要走呢？因為死守一個環頭，守久了一定給人懷疑，不如大家掉換地頭為妙。同時換一個生面孔的相士，亦更能引起街坊的興趣。

這些相士學足了秘本所傳的方法，最拿手便是鑒貌辨色，然後「拷問」人的六親。「鐵板神數」的「考六親」，有一套數理邏輯，古人稱為「射覆」，方法斯文，是故稱之為「考」。江湖相士則不然，他們是用「千」、「隆」的方法來套問顧客，所以不稱為「考」而稱為「拷」。拷者，有點用強的意思也。

如何「拷問」，不妨舉一個實例，各位曾經請教過這類相士的人士，大可以自行對號入座，回憶一下自己的遭遇。

「江相派」傳人舉實例

如今舉的例，是「江相派」傳人于城先生所爆的師傅實例，其社會背景為三十至四十年代——假如有一個年青男子，年約二十五六歲入門，他外面穿着一件七八成新，尺寸很相稱的文華縐長衫，裏面卻是一套陳舊而質地手工都很好的短打短紗衫褲。鞋雖舊，但卻不失為時款。這身打扮，便已經給相命先生提供了不少的線索。

再看此人，入門後望一望四周，然後才放步走入來。他手尖腳細，皮膚嬌嫩，雙眼無神，面色帶點憔悴。既坐下來，仔細問過相金，遲疑一下，然後才說要看氣色。這些行藏舉動，便又給相士提供了不少資料。

由他的衣著，證明他三幾年前的日子還很過得去，所以當時還可以度身訂造質地靚、好手工的衣着，買時款的鞋。可是衣履皆舊，那就證明他近一兩年已無力添置衣服。

這樣看來，此人便很可能是個近一兩年才破敗的二世祖。

如果他因經商破敗，那麼他就不會還穿着一件文華縐，因為這不是商場時興的衣服；如果他好賭，這件還可以當押點錢的文華縐長衫，也不可能保留在身上。是故初步斷定，此人必然是好嫖敗家，亦有可能同時染上鴉片煙癮。初步斷定之後，便要進一步推測了。

江湖相士進一步推斷，這年青人必然已經喪父，然後才會給豬朋狗友拉去狂嫖。同時，他很可能是個獨子，或者本身就是長子，因為假如有大哥當家，他便不可能弄到這般破敗。

同時，他要看氣色，那就是窮極無聊想找一線希望，並不是心中有事求謀，想知道事情的成敗。由此再進一步推斷，此人目前已無有力人士關照，例如一個有財力的世叔伯或好友等等。如果有，他就會占謀望卦或者算命，至少也要看看相，而不是看最便宜的氣色。

得到這些資料，相士本來已經可以「落千」，但卻仍然要「拷」——

「你氣色晦暗，兩三年間想必經過大喪？」這即是「拷」他的父母。

如果對方答：「我去年喪母。」這時，相士便要用「輕拷響賣」的訣法，「響賣」道：

「對了，我看對了，你這一兩年內真的喪母了。」然後突然問道：「你父親死了多久？」這一招，是用「打」的手法來拷六親。

對方如果答：「我五歲已經喪父。」那時相士又可以「響賣」道：「額角巉巉先喪父，你的額角，一定早年喪父，同時兄弟亦一定不會多，如果是長子，兄弟更少，甚至可能是獨子。」這就是在「響賣」的同時，乘機拷對方的兄弟了。

這一拷，可謂十拿九穩。因為五歲喪父的人，兄弟自然不會多，而且身為長子的可能性十分大。

假如這人道：「我是獨子。」那麼相士又可以「響賣」道：「你的眉毛短，當然是獨子，有兄弟亦應該是同父異母。」

到這時，那來看氣色的年青人，會覺得這相士很有料——看出自己有喪服，看出自己早年喪父，又看出自己是獨子。他自然口服心服。

相士這時就可以坐定粒六，責怪他不應該交結損友，又責怪他的親友對他冷落，這就叫做「千」了。「千」也者，將「阿寶」自己透露出來的資料加以運用，再說出來之謂也。所以「神數」所用，可謂全部都是「千」。

「江相派」傳下來的口訣，是「先千後隆」，「隆」也者，即是對「阿寶」恭維一番。所謂「人人後運好，個個子孫賢」，即是江湖術士的「隆」。

可是對這年青人，如果「隆」他子孫賢自然不實際，所以便只能「隆」他後運好。不過要「隆」他後運好亦要有良心。如果叫他回去賣屋做生意，那就算於害死他，因為他擺明毫無生意經驗，亦不是做生意的材料。「江相派」一定留「阿寶」一條生路，所以「隆」時便要用點心思了。

這年青人既然受世叔伯冷落，自然不能教他去謀一官半職，因此，便只能教他向親戚低聲下氣央求，有什麼工作就做什麼工作。

於是，那相士便「隆」他說：「你的氣色雖然不好，可是卻主有貴人提拔，受盡艱苦然後自立，晚年並主有成。所以你不必心灰，想一想有什麼親戚可以依靠，低聲下氣認錯，應該會有人幫你。」

同時又警告他說：「那班豬朋狗友，忘恩負義，不必去找他們了。因為你的氣色是主親戚提携，並不主朋友帶挈。」

這樣說亦有原因，因為此人才二十幾歲，所識的朋友應該年齡相當，而且是嫖友，所以帶挈他的機會就不大。

到這時候，那年青人一定會想起一些可能幫忙自己的親戚。如果問：「我有一個舅父，不知可不可以幫忙我。」

相士此時一定叫他占卦，卦金不多，這年青人一定應允。占出來無論是什麼卦，相士都會鼓勵他去求助，同時「千」他說：「要三求然後成功，因為卦象怎樣怎樣。」

這樣「千」，萬無一失，因為此人既然因荒唐敗家，他的舅父斷無一求就答應之理。

以上便是「江相派」中人自爆的例子。喜歡看相算命的人，不妨參考。

「紮飛」實同神棍

「江相派」中人，憑「輕拷響賣」、「先千後隆」兩招，便可以走江湖。人品好的，就這樣賺三茶兩飯，如果人品低劣者，則會叫人「拜星」、「改命」。這就是做神棍來「紮飛」了。

「紮飛」二字的來歷，王亭之不知，爆「江相派」內幕的于城先生亦沒有介紹，照王亭之猜，「飛」也者，可能是指求簽的簽紙。本來求簽的人，解完簽便走，神棍卻設法將他「紮」住，那就可以為所欲為了。

有一些廟，每有解簽佬替人看風水、轉家宅運的活動，蓋解簽的收入有限，一看風水，加上唸經轉運，價錢就可以任開了。此即所謂「紮飛」也。

要「紮飛」當然要恐嚇，如上例中那個年青敗家子，假如要「紮飛」的話，便可以嚇他，說他雖有貴人提拔，但亦同時有小人破壞，所以應該拜斗祈福，那麼便又可以多賺他一筆。至於他怎樣籌錢，江湖術士便不理了。反正爛船有三斤釘，不愁他籌不出來。

各位讀者如果碰到術士說要替你祈福、消災、改命、轉運，千萬不可抱着「寧可信其有」的心理去受騙。王亭之保證，世間決沒有什麼改命轉運等等情事。尤其是不可因此就請人看風水，那就不致受人「紮飛」了。

凡紮飛，一定是利用「一哥」的迷信心理。無論你是去幫襯看相抑或占卦算命，最末必然是給他引向神佛之路——近年來則引向「靈異」、「氣功」、「異能」之類矣。

神佛氣功異能種種本來並不假，道家用所謂「神」來養自己的氣，例如冥想自己的上中下丹田坐着多少位神仙，如何化氣、放光，那是一套內煉的功夫，對強身延年甚為有益，可是一旦事涉「神醫」，各位便要小心了，王亭之的友人王司馬，便正是給「神醫」所累，以致英年逝世，是故王亭之對「神醫」醫癌之類，一向痛心疾首。

點你去看「神醫」，其實已是「紮飛」。蓋看相便看相好了，關「神醫」什麼事耶？然而若非如此便不可以賺到大錢，因此便非搞出點名堂不可。

近年「紮飛」個案

近年來能夠「紮大飛」的，是「異能」與「密宗」。「異能」先起，聲勢威猛，可是近年那些「異能神仙」卻已不斷穿崩，相信他們的人雖有，可是聲勢已不如前，惟有「密宗」，目前正可謂方興未艾。

密宗本來並不邪，他是堂堂正正的一個佛家宗派，有很高深的佛理為基礎，而且有一套很嚴謹的修持系統，可是由於在行持上，密宗的人持咒，又結手印，瞧在眼中相當神秘，所以「紮飛」的人便藉此來眩惑人，卜一聲便又多一個密宗大師，灌頂、祈福，什麼都敢做。所以邪的只是這些假密宗。

王亭之見過一宗個案，一個睇相佬叫人燒「密宗符」，每道符一塊錢，燒不燒？那去睇相的婦人聽見價錢便宜，當然一口答應。於是那睇相佬便去打電話，替她「訂貨」了。

打完電話，睇相佬對那婦人說：「你真好運氣，密宗符很搶手，要由西藏偷帶出境，每帶來一批，兩三日就請光，你整定有救星，居然還有最後一批，我已幫你統統請晒。」婦人當然千多萬謝，及至一問多少錢，原來一批是十萬張，所以要十萬塊錢！

睇相的婦人自然抗議，說沒有十萬元那麼多錢，這時候，睇相佬就要施展出「紮飛」的手段來「做阿寶」了。

睇相佬可以說：密宗符燒得愈多愈吉祥，某人燒過一百萬張，所以怎樣怎樣；某人燒五十萬張，又怎樣怎樣，所舉的都是城中名人的名字，其事例又皆耳熟能詳。

然後又嚇人了：你既然發心燒符供神佛，心念一動，神佛已知，如果背棄發心，神佛不會怪你，但是他們的手下卻一定會整蠱你。你看某人，誰會估到他那麼短命，只因他發心燒符作福供佛，後來卻聽老婆話，改信耶穌，所以不到一年就暴斃了——舉出來的某人是個紅星，其死亦曾轟動國際，那就真的有點不由你不信了。

這個婦人給睇相佬又捧又嚇，終於答應燒六萬六千八百道符，取意頭「路路發」。

如果事情到此為止，那就不會驚動到王亭之，然而好戲卻還在後頭。

那婦人籌不出錢來買「密宗符」，那相士見她有幾分姿色，居然想誘她當娼。他說：「你既然命犯桃花兼且剋夫，便不妨去應一應那桃花劫，你肯出來做，做一兩個月就可以籌夠錢，應劫消災，也不算對不起你的丈夫。」

這睇相佬應該不會是「江相派」中人，蓋「江相派」只騙財不騙色，且以騙色為犯戒。如今這睇相佬紮飛居然紮到要良家婦女當娼，那就真的是豈有此理之至。

話說那去睇相的婦人，聞說要當娼去應召，茲事體大，便央人求見王亭之。王亭之知悉來龍去脈，只問她索取睇相佬的電話，當着她的面打一個電話過去。

王亭之先客套幾句，便對睇相佬說：「某女士是我的表親，可否賞點薄面，不可紮她的飛，我叫她送回閣下三兩千銀，算是費了閣下的神。」對方醒目，立刻說不必，而且道歉，說不知道她是王亭之的親戚，如果知道，打死都不敢。王亭之於是叫他親自跟那婦人說幾句話，他也答應，由是事情便了結矣。

王亭之雖然憎厭那睇相佬騙財騙色，可是他既然肯見好收蓬，便亦不為已甚，如今將這故事寫出來，便也不公開其名字，以存忠厚也。但由此可知，凡事涉怪力亂神，真的不去惹它也罷。倘如真的不幸惹上身，那就不信可也，王亭之保證，凡怪力亂神的事一定無稽。

「江相派」所傳的《紮飛篇》說——「君子敬鬼神而遠之，小人畏鬼神而諂之」。這便是說，對君子很難紮飛，但由於小人喜諂鬼神，所以他們便是紮飛的對象。

諂鬼神的人，「寧可信其有，不可信其無」，那就易陷入圈套，以那婦人為例，若不存諂鬼神求福之心，本來便無事矣。

清末一件紮飛故事

「江相派」的「紮飛」，必用「媒」。他們的說法是：「無媒不響，無媒不成。」「無媒不響」，是指要靠媒來做宣傳。只要宣傳，無論怎樣面皮厚，都始終有人疑信參半。那就已經叫做「響」了。各位看看當日異能人來港，橫掃港九新界，便當知道「無媒不響」的道理。

「無媒不成」，則是指靠媒來成功紮飛之事。于城先生揭破當年大相士張雪菴的一件行騙故事，王亭之樂於轉述。

這張雪菴，掛牌用「玄機子」為號，當年以香港為落腳地，可是行踪卻遍歷省港澳以至南番順魚米之鄉一帶。後來因行騙失手，給香港政府通緝，行話叫做「帝壽」了，才收山回鄉享福。

話說光緒三十二年，順德大良有個龍二公子，父親做官，家財豪富，光是每年收的租穀便有十幾萬石，張雪菴打聽清楚，便安排人手去紮他的飛了。

那時大良有一間著名的鬼屋，無人敢住，張雪菴卻把它租下來，帶來一妻一妾，乘大轎入伙，隨從十幾個僕人，十分氣派。

張雪菴住下，便貼上「招軍」說：玄機子在此候教，自稱「雲遊四海，廣結善緣」。一時之間便哄動了大良城。

那時，龍二公子已經知道消息。他有一個「詩社」，詩社中人便談論起來。他們那一夥讀書人本來不信相命，在此之前，也曾鬧着玩，聯手整蠱過兩三個江湖佬，弄到他們不敢掛招牌，這次來了個玄機子，居然派頭甚大，便又商量如何整蠱他了。

詩社中有個姓徐的人，渾名「打齋鶴」，他只是社中的幫閑，穿起件長衫，每日傍着龍二公子抽鴉片，三茶兩飯飲花酒，這時便建議喬裝打扮去看玄機子。

他們商量好，打齋鶴喬扮大鄉紳，找詩社中兩個有錢少爺扮他的兒子，龍二公子則扮隨從僕人。四個人浩浩蕩蕩去找張雪菴，準備他一旦說錯，立刻就砸碎他的招牌。

四個人進門之後，有男僕把他們延請到花廳等候，然後是女僕捧着江西瓷器焗盅來敬茶，接着是敬罐裝三炮台香煙。等了一會，才把他們請進書房，滿屋紫檀傢俬，端的十分氣派。張雪菴進來，身穿文華縐短打，腳登一雙雲緞塹底鞋，胸前一根金鏈，吊着大大小小的玉件，件件翡翠，儼然似個富商。

這時，打齋鶴徐某正坐，兩個有錢少爺側坐，龍二公子則站在徐某身旁。張雪菴一邊招呼，一邊向四個人端相，然後忽地把紫檀書桌一拍，大喝一聲！

說道：「你起身走兩步給我看。」喝時指着姓徐的打齋鶴。然後又對龍二公子說：「你坐下來，我看看你的坐相。」待龍二公子坐下，他端詳一會，立刻起座，對龍二公子抱拳行禮，說道：「有眼不識泰山，我的下人待慢了足下，還請莫怪。」

打齋鶴這時打岔道：「只是我們父子三人想來請教，關這下人什麼事？」

張雪菴卻一笑回答：「閣下雖然一表斯文，可是卻只終身是個不第秀才，生平身邊積蓄，不能超過一百兩銀，一超過便有禍患災痛，豈能養得起這個僕人。」

又指着龍二公子說：「這一位公子，受父親福蔭，家財何止百萬。我看你們兩位是故意主僕易位來考在下的眼力了。」

這麼一說，龍二公子幾個人只好面面相覷，不知所措，張雪菴便施展出紮飛的手段，又千又隆，說龍二公子的龜頭應該有一粒硃砂痣，所以若能聽他的指點，將來可以橫發功名，做到六部尚書，權傾朝野。

這龍二公子果然生有這麼的一粒痣，甚為秘密，只有親信的人才知道。給張雪菴這麼一點破，立刻心服口服，以為是遇到生神仙了。

結果一場相看下來，化了龍二公子白銀一千兩，並且立刻名傳大良城。

大良城的官紳名流紛紛來找張雪菴求教，只兩三個月，他便撈到萬多兩白銀，立即又「雲遊」別處去也。那就是「醫要守，相要走」了。

原來張雪菴的佈局，是利用打齋鶴徐某人做媒，他們的行話是做「伙檔」。

徐某是大良本地人，又是龍二公子的傍友，自然知道許多大良名流的底細來歷，甚至知道一些私隱。例如龍二公子龜頭生有硃砂痣之類。張雪菴能夠拉得他做「伙檔」，加上他的「英耀」與「紮飛」手段，焉有不百發百中，給大良人視為神仙之理耶，「江相派」之所謂「無媒不成」，這便是一個例子。

當「伙檔」的媒，首先要取得別人的信心，像徐某，已經傍龍二公子多年，又是本地人，那當然不會令龍二及旁人起疑心。這在行話中便叫做「梗媒」了。

由龍二公子的故事，各位一理通百理明，就可以知道許多喧傳一時的術數故事，其實內裏都有乾坤。

李星南出千的故事

「江相派」中人還懂得「做阿寶」時用怪力亂神為出老千的手段。民國初年，「江相派」的李星南，便是利用道家的名義，靠他的 套「特異功能」來出老千。至於他的身份，則是一家藥材行和一家進出口商行的經理，住在高第街一家三層洋樓，跟高弟街許家是兒女姻親，他的兩個兒子是留學日本的牙醫。

像李星南這種身世的人，誰也會把他當成富商，至少沒有人敢懷疑他是老千。有時候他偶然用江湖訣，說中人家一點心事，他也可以振振有詞地說：「像我這種人，難道還會靠看相吃飯嗎？」這麼一說，便誰都不敢說個不字。

他的晚輩于城，則揭破他利用「異能」來出老千的故事。這故事得從頭說起——

香港有一個富商，在第一次世界大戰期間，靠囤積居奇發達。及至他死，遺囑將全部生意都交給大兒子打理，小兒子只分得幾千元現款、兩萬元股票、價值三萬元左右的幾座洋房。這個小兒子自然鬱鬱不得志。

我們姑且叫這小兒子做陳二少。且說陳二少既然只靠股息租金度日，生活便自優暇得很，便常到俱樂部去搓麻將、打撲克。父死一年，便將手頭現金使得七七八八。這時候，陳二少心中也自有點發急。

陳二少在俱樂部結識了兩個朋友，一個姓朱，是家洋雜店的老闆；一個姓胡，是一家洋行的高級職員。大半年以來，彼此往來甚密。

有一天，朱某突然向他們兩人商借港幣一千五百元，說有一批「水蟹」——這是地道的廣府話，即是說有很便宜的貨物。

這時，胡某一口答應借五百元，陳二少只好答應借出一千，玉成其事。借出之後，陳二少未免心中十五十六，怕朱某不還錢。可是過了大半個月，朱某卻突然邀他們到店中的帳房，說多謝他們借款，如今貨物已經拋售，獲利尚算可觀，因此璧還借款，並請他們吃飯。

陳二少見朱某果然還款，心中已經高興，反正無所事事，吃飯當然甚好。當下三個人便出店門，向一家飯館走去。走至半途，朱某卻說要繞道路過滙豐銀行存點錢，他們自然陪着朱某，去到銀行，冷眼旁觀，見他一下子便存入兩萬元，這在民國初年是一筆大數字，連銀行中人都另眼相看，陳二少更加看得目瞪口呆，心中暗暗羡慕朱某人能得到這麼一條大財路。吃飯時，朱某叫鮑參翅肚，還開洋酒，陳二少因有心事，吃得十分不寧。

飯後，胡某跟陳二少同行，一路商量，朱某到底憑什麼路數能發大財，又抱怨他用朋友的資本，卻不肯帶挈朋友。

這時候，胡某一方面怨朱某人不夠義氣，一面又說要設法灌醉他，套他的口風，看他到底是什麼路數。

過了兩日，胡某單獨找陳二少喝茶，說已經會過老朱了，他只漏一句口風，說是全憑那個轟天雷的指點。提到轟天雷，陳二少自然知道，那是荷李活道一家相命館的相士，因為算命時往往大聲呼喝，加上拍枱拍櫈，是故便以「轟天雷」為招牌。

列位看官，依照「江相派」的秘訣：「輕拷響賣」，那些相士看相看到大呼小喝，那便是所謂「響賣」了。將「拷」回來的資料，「賣」出來，自然便要製造點聲勢，因此逢「賣」便必要響。二十幾年前，王亭之陪人去九龍城一家廟宇看相，這相士便是拍枱拍櫈的一派，桌子一拍：「你如果未曾經過失戀離婚，破我的招牌！」或者拿起界方，大力敲着桌邊：「你目下命犯小人，你的丈夫必有外遇。」許多師奶給他「響賣」到面色青白，然後便是求神作福那一套了。

在當時，這位相士的名聲甚為響亮，不少住在半山區的少奶小姐，遠道而來此小廟看相，王亭之心想，其人必為殘存的「江相派」徒子徒孫，勸那邀王亭之陪看相的人，不必信他的胡扯。

卻說陳二少跟胡某便去找那轟天雷。轟天雷一路看相，陳二少一路佩服。他看相看出他去年喪父，但是卻主受兄長欺凌，拿着這兩句說話，一直「響賣」，賣到陳二少幾乎要脆地求這生神仙指點。

當下轟天雷手持摺扇，猛地向桌子上一敲，搖頭嘆息道：「你這個人主大發橫財，眼前便有財氣。」陳二少連忙問道：「可以發財多少？」轟天雷道：「黄金三千兩。」以當時的市值來算，便是九萬多元港紙了。陳二少正自歡喜，轟天雷卻道：「但是你的氣色卻主有一場桃花劫，務須小心，如若不然，不但發不了財，而且主破財。」胡某當下代答，二少只喜歡到俱樂部打幾圈痲將，從不逛花街柳巷。轟天雷說：「如果你真的如此，那就恭喜你了。也罷，瞧你誠心，我代你求神明指示。且看你禍福如何？」

轟天雷於是打開一個羊皮箱，極其慎重地拿出一隻明代青花碗出來，放在神前，注半碗水，然後點香作法請神，再讓陳二少定神看着水碗。陳二少望時，只見無非是清水，可是轟天雷卻立刻燒一道符，然後在神壇邊拿起個紅葫蘆，一邊唸咒，一邊將葫蘆裏的「神水」往水碗中注，這時陳二少便驚叫起來了。

只見水碗中出現自己的形象，在背後有三堆黃金，可是旁邊卻有兩隻惡鬼在把守。正想看真一點，一眨眼，卻又什麼都不見了，水碗中依然是清水。

這時，轟天雷問陳二少看見什麼？二少照直說出，胡某卻在旁邊嘖嘖稱奇。轟天雷說：「這三堆黃金便是三千兩，即你的橫財，只可惜有惡鬼把守，惡鬼是你的前世冤家，因此這注橫財你便很難到手。」

二少聞言，十分失望，當下便跟胡某一起央求轟天雷設法。轟天雷把陳二少的相再細看一番，又跟他算命，忽地一拍桌子說：「我且成全你這注橫財，只是我的功力不足，必須請我的師伯到來，替你作法禳解，趕走你前世的冤家，要得橫財便易如反掌。」

陳二少又連忙央求他請師怕。轟天雷道：「我師伯雲遊四海，到處行善結緣，如今他正在省佛陳龍一帶，算你機緣好，我馬上叫我的小師弟去找他，請他來香港。」陳二少沒口稱謝，當然立時奉上水腳。

過了半個月，轟天雷有消息來，說師伯已應邀來到香港，請陳二少獨自一個人去見他。二少如命而往，轟天雷便將他帶到中環一家大酒店，在一間大套房中跟那師伯相見。只見那師伯打扮得儼然富商，派頭十足。

那師伯身邊，還帶着一位美艷如花的女子，經介紹，原來是他的三姨太。陳二少正心中起疑，修道的人怎麼會有姨太太，那轟天雷已覷個空，在他耳邊說：「三姨太是師伯修法的玉鼎。」陳二少聽得不明白。

那師伯將陳二少的相細看一番，又問過年庚八字，一邊掐指合算，一邊點頭，然後說陳二少的確有前世冤業纏身，但也的確命中主有橫財，如今一場來到，自然要設法替他禳解。於是約期在轟天雷的館中作法。

四個人吃過晚飯，二少跟轟天雷送師伯回酒店，便告辭了。他們兩人一同走路，陳二少便問「玉鼎」是什麼意思，轟天雷起初笑而不答，後來經不起陳二少追問，才說這是道家男女雙修，男的是劍，女的是鼎，以鼎煉劍，便可以令精氣神化為金丹，所以師伯並非好色，只是煉丹。又說他大丹將成，如今要行一千件善事，所以才雲遊四海去救人行善。

三日後到期作法，師伯主壇，轟天雷協助，三姨太也在一邊幫忙。修法完畢，師伯拿起神壇前紅葫蘆，朝着二少便注水，然後燒一道符，在他頭頂轉幾轉，將符一撒，立時閃出一道青光，三姨太拿起羽扇，將青光向門外撥，那光便立時不見。師伯於是恭喜二少，說他前生的冤業已經化解。

師伯對陳二少說，我且試一試你的財氣。你身邊有多少個銀圓？且說當時民國初年，省港澳雖各自有其貨幣，但三地貨幣亦彼此流通，所以當時的人，身邊有港紙亦有銀圓。

陳二少打開銀包，數一數，有十個龍洋。師伯便叫轟天雷找出一個罎子，朝它吹一口氣，然後叫陳二少把十枚龍洋放進去。當下蓋上蓋子，又取出黃紙硃筆畫兩道神符，交叉貼在蓋上。於是重新上香唸咒，又叫二少跪拜。經過大約半小時，師伯收法，叫轟天雷將罎子奉到桌子上，讓二少打開。二少一揭蓋子，一聲響叫，只見滿滿一罎都是龍洋。倒出來一數恰恰是一百一十個，除本銀十枚，淨得利十倍。師伯便微笑對二少說：「寃鬼趕走，此即明證矣。」轟天雷跟三姨太才向他道喜。

當下師伯決定，將求回來的銀洋，分十個給轟天雷，十個分給三姨太，其餘八十個都是陳二少命中應得之物，應該歸他所有。二少要分給他，他堅決不要。

師伯說，你找個僻靜的地方，租他半個月，我替你結壇作法，你且拿三百兩黃金來，作法七日，便可以有三千兩黃金了。陳二少見過師伯變銀祥，當面見功，豈還有不信之理。於是便立刻回家，賣掉一些股票，開始安排發一筆橫財了。

陳二少在半山租一間別墅，安頓師伯及三姨太，然後拿三百兩黃金出來，請師伯作法。師伯也命三姨太取出六十兩黃金，說是借他的福，發點小財，用來行善賙濟，此外分文不取，不要他的報酬。

師伯又對陳二少說，開壇以後，一連七日都要守夜，因此要將鋪蓋拿來。二少如命，回家拿替換衫褲跟被鋪。

當夜大家住下，三百六十兩黃金由二少看守。第二天，師伯跟轟天雷已用青磚砌好一個八卦爐，叫二少親自將黃金放入去，蓋上一塊石板做爐蓋，爐下燒起炭火，二少就在爐邊安一張床，夜間就睡在那裏。幸而其時天寒，有爐火便更加溫暖。

守到第六夜，二少已經疲倦不堪，這時，三姨太敲門進來，端上一碗參湯。二少喝過，三姨太還未走，只跟二少閑話，二少這時忽地色心頓起，大膽起來握着三姨太的手，三姨太一笑投懷，當下二人便在爐邊成其好事。

正在不可開交之際，只見八卦爐忽地轟一聲裂開，湧出青煙陣陣。二少跟三姨太大驚失色，連忙結束。這時，轟天雷已踢門而進，問發生什麼事，師伯也跟着入來，一見二少跟三姨太二人的狼狽樣子，二話不說，拿起爐邊的柴刀便要劈死三姨太。

那時，轟天雷立刻死命抱住師伯，替三姨太求情。師伯長嘆一聲道：「罷了，這是你們前生的桃花債，只可惜一注橫財。」

於是師伯用柴刀劈開八卦爐，只見裏面紅彤彤的條子已滿一爐，有些還閃着金光。一露風，剎時條子變成灰黑色，用火鉗夾出幾條來看，全部化成泥土，但表面上還有幾點金色。師伯頓足長嘆，三姨太則哭着回房。轟天雷望着陳二少埋怨，說早已算出他有桃花劫，已經警告過他了，卻不料他依然在骨節眼犯上，真的是天意。

當下商定，陳二少賠償師伯六十兩黃金，送一百個銀洋打發三姨太回娘家。限期三日辦妥。二少無精打采回家，自然是賣股票將事情一一擺平。

過了幾個月，陳二少終於發現自己受騙了。去找轟天雷，則早已跑掉。找胡某，不知去向，問那家洋行，則說他只是個小經紀，已經辭工。去找朱某，朱某振振有詞，說自己的確去找轟天雷看過相，以後的事不該瞞着，彼此好朋友，應該問清楚大家商量。又說自己買下一批貨賺了錢，多虧他借一千元來成全，如今他既受騙破財，便送一千元給他，算是對本對利歸還。並勸他不可聲張，免得受親戚朋友恥笑。

列位看官，你道那師伯是誰，原來即是「江相派」的大師爸李星南。三姨太則是廣州二沙頭的一名妓女。胡某人是「梗媒」，朱某則是專管善後的「生媒」。轟天雷倒真是李星南的師侄。

他們所謂異能道術，無非只是把戲。照水碗是先將一張畫放在碗底，用一片凸透鏡蓋住，碗裏水少時，配合神壇前的燈光，凸透鏡反射不出圖畫，到注水時，至一定程度，畫面就現出來了。再注水，由於折射的關係，畫像又告消失。所以陳二少見到水碗呈現的形象，只是曇花一現。

龍洋變多十倍，無非只是掉包，掉來的罈子，多裝一百塊龍洋進去就是。一旦種銀成功，陳二少自然信心大增。

八卦爐也經過掉包，那是用安眠藥放在湯裏，將陳二少迷倒，然後偷龍轉鳳，將黃金取出，用貼上錫金箔的泥條來代替，爐頂的幾條，則貼上一小塊真金箔。所以取出來時，還保持着金色，讓二少以為已經幾乎變成金條，只是自家不好，才將大事弄壞。

至於三姨太給他喝的參湯，裏頭早就放下催情藥，所以他才會跟三姨太在八卦爐邊苟且。

全部真相拆穿，不值一文錢，可是當局者迷，小魔術便可以成為道法！

北方相士分腥尖二門

天下烏鴉一般黑，南方固然有「江相派」，北方的看相行亦有個「長春會」。然而彼此的性質卻各不相同。

「江相派」是一個門派，其組織有如黑社會，事實上他本身亦可以說是黑社會，「長春會」則只是一個組織，接生意，籌劃場地，為江湖人士排難解紛。由於江湖相士之中，惟有長期到處跑碼頭的人才需要「長春會」安排，而這些人十之八九都跑小鎮鄉村，因此「長春會」的勢力便在鄉而不在城。

民國初年，有一位說書藝人連濶如，在當時北平《時言報》發表《江湖叢談》，揭發江湖黑幕，其中即有關於看相行業的黑幕，王亭之不妨將他寫出來的材料介紹給讀者。

這些民國初年的資料，今天已經過時，然而萬變不離其宗，藉相術行騙的法門實在古今無異，所改變的，只是適應時代與環境的包裝而已。讀者如果知道了民初相士的法門，聰明一點，今日亦決不會受愚。譬如說，相士喜歡引誘顧客「改命」，民初的相士，是用拜北斗、拜星君等手段，說是拜後即可改成好命，而今日的江湖相士，則是為人改祖墳風水、拜四面佛，手法雖然不同，其理則一也。是故若能知拜北斗之偽，便同時亦能知拜四面佛之偽也。

北方的江湖相士，分腥、尖兩門。腥也者，即是根本不懂術數，只靠用「江湖十三簧」來騙人。尖也者，是真的讀過命書，依書論相，可是卻不識耍手段。

如果光是尖，生意未必好，因為不懂得奉承討好。江湖稱這類人為「空子」。如果光是腥，則騙術雖能行得一時，到底難以長久。所以生意最好的是「腥中尖」。香港有兩三個這樣的人，已經成為名家了。其所以能成為名家，即是靠「腥」。

「腥門」用的「江湖十三簧」，即有如「江相派」的《英耀賦》，憑來人的神色舉止，再加上「輕拷響賣」、「先千後隆」，就可以拷出來人的家世與近況，一「賣」起來，便儼然如神仙一般矣。

北方管相面的術士叫「戩金」。這門術士要長得相貌堂堂，耍大氣派，穿着又要濶綽，然後才能嚇住主顧。江湖術語稱為「人式壓點」，「點」也者即是受騙的冤大頭。我們試看看一些所謂名家的人，誰不是衣着光鮮，頭光髮亮。誰會像王亭之永遠蓬頭舊衣，去到名店還要給帶位的姑娘趕跑。

除此之外，還得要「碟子」（能逞口舌之能），同時還有嗓門，用以配合口舌，製造氣氛。

相士稱騙人為「做生意」。凡做生意，一定要受「夾磨」（師傅管教）。師傅教的並非相書所說的一套，而是如何「要簧」（套出來人的秘密）及「把簧」（如何利用「要簧」得來的資料）。

他們的真傳授分為五科。一曰前棚、二曰後棚、三曰玄關、四曰炳點、五曰托門。

前棚者即是如何招徠顧客。在廣告上寫上一大堆名人介紹，他在上海出廣告，北京天津的名人一定不會跑出來否認。如今則是利用報紙專欄以及八卦周刊，將故事說成生龍活虎，故事中人又是名流以及影藝界，讀者以為一定不假，可是卻未必真。王亭之曾就一篇文章問過一位名流，到底給他看「氣」測字的人是否如此高明，那名流笑笑說：「亭老，難不成我要登廣告否認耶？」由此即可知何謂「前棚」也矣。

有一位名家，一見名流及影藝界，一定伸手來握，然後就順勢翻轉別人的手掌。這時，他的助手立刻攝影，所以在他的館中，有幾個大相簿，都是明星名人請他看相看掌的「留念」。據說，名人中還有王亭之的份。

所以隨着社會進步，「前棚」的功夫也進步，派街招、登廣告已經落伍，上電台電視才可稱為「前棚」。

「後棚」也者，即是顧客招來之後，如何引他落踏。

圖麟都有兩三個廟祝，專替人解簽，可是他們卻有本事由解簽變成看相，再算命，然後看風水。三塊加元解一枝簽，竟可以變成三千加元找數，這就是「後棚」功夫了。

在「後棚」，要識「玄關」。「玄關」也者，乃明代方觀成所傳，是故跟廣東「江相派」的《英耀賦》同一淵源（「江相派」的祖師也姓方）。「玄關」的內容亦同《英耀賦》，即是如何觀察來人的心理，以及推斷其家世等等。

識「玄關」，還要識「炳點」，即是如何打動來人，令他甘心情願花錢。高手「炳點」，來人不但甘心情願，甚至還要央他打救，然後他才勉為其難，說冒着「折福」的危險來指點來人，令人感激涕零。

千里來龍，到此結穴，最後便是「托門」了。「托門」即是要對方使錢。先用「頭道杵」，花費有限，然後用「二道杵」、「三道杵」，一道比一道狠。最後才用「絕後杵」，那是最後的一次欺詐，用完之後便拍拍屁股，再也不管了。

江湖腥門就憑這五道招式，高手可以撈到家財過億，低手亦至少可以溫飽。光顧各種相命先生的人，不妨回憶一下自己的遭遇。

腥門的「十三簧」

腥門看相或者算命，先要識「水火簧」。水是窮的意思，火是富的意思。知人窮富，然後才可以決定向來人弄多少錢。

香港的腥門比較着數，因為他要人先登記姓名地址電話，一看地址，就知道「水火」。有一個算斗數的名家，不知怎樣忽然又看風水，他便曾向王亭之炫耀，自己如何「掃蕩狗肚山」。狗肚山住的是中上人家，一看地址便知是「火」，自然值得去「掃蕩」。

如果中門大開，客人進來，如何知其貧富呢？光憑衣着往往很害事。海派衣着光鮮，甚至件件名牌，但是卻可能是個空心佬倌；潮州人衣着樸素，但卻可能家財千萬。所以他們便要用「水火簧」了。

連濶如的「水火簧」，只適合民初社會，王亭之卻聽過一位看相看風水兼算命，近年又派開光密宗佛像的大名家自爆：打開銀包，成疊信用卡的人，未必有錢，反而連信用卡都沒有，或只有一兩張的人，必然窮不到哪裏去。這便是當今時勢的「水火簧」了。

又有一位名家透露，叫人低一低頭，看他的後枕骨，其實是看他恤衫領是否有汗迹，如果有，其人必是非每日換恤衫，那就是「水」居多。若衣衫乾淨，則雖非名牌亦可能是「火」，因為有工人則日日更衣也。

還有一套「自來簧」。「自來」者，即是來人自爆之謂。整本「神數」、「皇極數」，便是使用「自來簧」的高招，弄到港台人士神魂顛倒，足見此「簧」之厲害。

每條「神數」都有密碼，術者打出任何一個數叫來客查，來客以為他不知道內容，其實他正手持密碼書（即是坊本「神數」的坤集），使用「自來簧」，每條號碼的內容他知得一清二楚，由是採納來客六親資料——王亭之化了多年心血，然後才破解了這門術數的「腥」招，所以王亭之其實可以昧着良心，掛牌來算「神數」，只是因果可畏耳。

譬如說，打出一條數，內容是「父生於水年，母死於火年，方合此刻。」來客的反應假如是反問道：「什麼叫做水年火年。」那麼，就可以假設其人已經喪母。因為如未喪母，他就會說「不對」，或者問：「是說將來抑或是說過去？」

至於「水年」、「火年」，可以有許多遁詞。例如西元一九九五年乙亥，乙屬木、亥屬水，納音則屬火。憑此稍加運用，便可以知道來人父母的生年，甚至還可以套出若干兄弟姊妹的資料。

來客給套取資料而不自知。這便是所謂「自來簧」了。

江湖術數利用「水火簧」、「自來簧」，一下子就知道來人的貧富，以及六親情形的大概，所以當算起「神數」時，再用一遍來人查書透露的「自來簧」，那麼，所猜的便已八九不離十。六親的生肖，即是如此推算出來。

所以「神數」算兒女，你有兩位，他便給你算出兩位的生肖，有三位，則只能算出三位生肖，對未來兒女的生肖，他們便束手無策了。為什麼只能算過去不能算未來呢？術者可以舉出許多理由，最高明者是用「先天數」、「後天數」來作遁詞，其實真正的理由只有一個，連來算者都不知的事，他們便永遠算不出。

前述「江相派」的《英耀賦》，以及北方流傳的《方氏玄關》，其實所運用的便是「簧」

了。據說「簧」共有十三個之多，稱為「江湖十三簧」。

王亭之不知道「江湖十三簧」的全部內容，只知道除了「水火簧」以及「自來簧」之外，還有「地理簧」。

「地理簧」是憑來客的籍貫來猜測推理。例如從前四邑人多華僑，所以碰到四邑人就可以「拷」他是否「骨肉離多聚少」。又如東江人多軍警兩界，因此便可以「拷」他是「武職崢嶸」，或者「為人重武輕文」。這便是「地理簧」的運用了。

此外還有「比肩簧」，專「拷」人家的兄弟姊妹；「乾坤簧」，專「拷」人家的父母；「金木簧」，專「拷」人家的夫妻……諸如此類，總以六親為主。蓋一旦「拷」出人家的六親，再加以「響賣」，無有不成功者也。

相士使「簧」舉例

王亭之在七十年代常往台灣，給朋友硬拖去中華商場看相，那看相先生先用「地理簧」，知道王亭之來自香港，問過「貴處」是廣東，他在談相的時候，便說王亭之是來台灣做生意，本來財氣不大，可是相主有貴人，合作運好，所以生意會做得很順手。

各位讀者聰明，一理通百理融，自然明白這是憑「地理簧」來靠估。

他又用過「水火簧」，那是藉詞看看王亭之的手，便乘機看看王亭之戴的是什麼錶，王亭之一生最怕戴名牌錶，加上十指空空，不似台灣的生意人，男人可以戴鑽戒，然而陪王亭之來看相的朋友，卻擺明是富商格，手戴玉戒，又戴金勞，連吠夾袖口鈕都金光閃閃，是故這看相先生便說王亭之「主有貴人」了，意思指這朋友即是王亭之的貴人。

他也使用「金木簧」，先看過王亭之手掌的婚姻線，不敢肯定婚姻狀況，於是便使「簧」

了，說道：「先生若在血地（出生地）結親，多主夫妻分離。離鄉就好了。」因為他知道既在國內出生，如今來到香港，所以假如在國內時已成親的話，目前便極可能是夫妻各居一地。

至於是離鄉就婚姻好，那是一語雙關，即是無論在港台找對象，他都可能說中。

這位台北使「簧」的相士還算敦厚，不用「後棚」功夫，只在看相時兜搭王亭之算命，那就是用「二道杵」了——看相一道、算命又一道，無非是想收多一次錢而已。

王亭之推搪，相士卻說：「先生五十五歲以後，運程微妙，如何趨吉避凶，非批八字不可。相會變，你小時候的相就不同如今的相，但八字卻不會變，所以應該批八字。」

這番說話，說得合情合理，如果是別人可能抱着好奇心一試，王亭之已領教過他的「頭道杵」完全使「簧」，肯定他是「腥門」，還怎肯上他的當。

然而這位台北相士卻已算好人，王亭之在七十年代初期在香港給一個名家看掌，那名家拿着王亭之的掌看了兩三分鐘之久，只說一句話：「讀書難以成材！」跟着便要王亭之給他批命了。

王亭之說：「你還沒看掌呀。」那名家居然厚着臉皮說：「已經看過了。你要知道詳細，非批命不可。我很少給人批命，非掌有奇紋不批。」王亭之伸出雙掌，問哪條是奇紋，那名家卻說道：「不能夠告訴你。」待王亭之堅持不批命時，名家便送客了。反正相金早已先惠，王亭之難奈他何。

此人連「簧」都懶使，頭道杵未完就用二道杵，大概是生意太好之故。

最缺德是「皮門」

江湖上最缺德的事，是藉怪力亂神來行醫、賣藥。江湖八大門中，稱之為「皮門」。皮也者，原指膏藥，因為江湖混混雖吃這門飯，起初還有點良心，只賣外貼的膏藥，誤人還不大，不似內科，常常會誤人性命。是故這門江湖人便稱為「皮門」。可是後來這門江湖人愈來愈不肖，便居然專醫奇難雜症，甚至連絕症都號稱包醫了，這就已經脫離了「皮」的範圍。

除了行醫、賣藥之外，還有一種生意，叫做「挑漢冊子」，即是出賣專醫絕症雜症的藥方，他們的口號是「小偏方、醫大病」。因為口號叫得好，所以常常也生意滔滔。連濶如在《江湖叢談》一書裏，對此中黑幕有許多爆炸性的透露。這門生意，本來與「皮」無關，可是由於性質有關連，是故便亦列入「皮門」之內。

「皮門」中人最喜歡醫絕症，患絕症的人，抱着橫豎不如一試的心理，往往便肯就範，那就是他們的「火碼子」（有錢的受騙對象）。所以碰到聲稱能醫絕症的人，各位可要小心，尤其是他們若說，未經西醫醫過的病人，他們包醫，若經西醫醫過，便只能隨緣，見到這種「皮門」，各位可千祈不要向親友推薦。因為他們明明一早就預留地步。

「皮門」中人，如果光靠走江湖賣藥，實在不容易賺錢，所以便要走怪力亂神的路數。一旦怪力亂神，便自然有許多故事可以宣傳，宣傳時加上三兩個有頭有面的人物名字，那些人亦只會當親友談及時否認，絕不會公開登報昭告社會。

用看相來引人入彀，是「皮門」常用的把戲。病有病容原來倒是真事，比如患黃疸病的人眼白發黃，患肝病的人不但眼黃且膚色亦帶一層黃氣，患腸胃病的人指甲粗糙，諸如此類，有經驗的人皆知者也。所以中醫診症才有「望聞問切」的「望」。可是江湖相士卻有驚人之筆，自稱憑看相就可以知人有什麼暗病或醞釀生什麼病，厲害過X光。

從前科學不發達，江湖相士便可以用一些簡單的化學反應來騙人。例如先搽些黃薑粉在病人身上，再用含鹼的藥水蘸棉花敷上去，就會在皮膚上出現血斑，這時相士就會說客人的什麼器官有病，因此才會給他用藥水敷出瘀血。一般人也就相信他了，肯買他的藥散來吃。

如今科學昌明，這一套把戲已容易給人識破，所以使用更加怪力亂神的包裝來惑眾。此中的故事，讀者已耳熟能詳，毋須王亭之再嘵舌，然而萬變不離其宗，皮門依舊是皮門。

連濶如親歷個案

連濶如還透露過，當年江湖人物藉方術來賣藥行騙的故事。這宗故事，可以給我們許多啟發，蓋世上真無食飯的神仙也。

當年天津周公祠有一個作道士打扮的人，號稱可以占卦治病。此人打扮得還真地道，年約四十餘歲，頭帶九樑道巾，上面還嵌一塊美玉，身穿藍布道袍，圓領濶袖，腰繫水火絲縧，腳登白襪雲鞋，瞧起來還真似個有道之士。

他擺個攤，攤上只有一個卦盒。有遊人看見他這身打扮，便有問他是不是占卦的，道士只跟他們閑搭訕，不真做生意。及至遊人圍着他聚多了，卻忽然聽見外面吵嚷不堪，擠進來兩個人。

這兩個人，一男一女，男的五十多歲，布袍布褂戴着頂緞子棉帽，加上一雙緞子棉鞋，瞧起來就是個有點身家的人；女的只四十多歲，品貌端莊，衣服齊整，一看便知是個良家婦人。

兩人坐下，婦人便央道士占卦，這回道士可真的占了，拿起八個制錢放在卦盒內，搖了一會，將盒蓋打開，八個制錢往桌子上一灑，那是算「奇門」卦了。

道人看着八個制錢，問婦人道：「你姓李？」

婦人驚道：「我果然姓李！」這時，圍着看的遊人便已驚動。

眾人驚疑未定，道人端相着八個制錢，又說道：「這卦不是給你自己算的。」婦人驚道：「果然，是給我們鄰居算的。」

道人笑道：「你的鄰居姓趙，對不對？」

婦人應聲叫道：「你真是神算了，鄰居果然姓趙。」這時，圍觀着的人無不聳然動容。

道人卻翹起對二郎腿，悠悠然說道：「姓趙的是個老太太，有病，她的病是氣蒙眼，兩個月前還什麼都看不見，近一個月，兩隻眼好了一隻，左眼已經可以看見東西了。」

婦人聽他一邊說，一邊點頭。

道人繼續說：「她是央你來占算占算，還要向我買點眼藥，再治她的右眼。」

那婦人聽說，一邊點頭，一邊打開手巾包，取出兩塊大洋，說道：「真是這麼回事，她前回是用兩塊大洋向道爺買眼藥治好左眼，這回想再向道爺求藥。」

道人一拍桌子說道：「你不知道，我頭次下山來到天津，在八月後半月她們來算了一卦，我算出這是個姓趙的老太太害眼病，長了火氣雲蒙。我有兩種妙藥，一種吃，一種搽，要四塊大洋。她們卻只買了兩塊錢的藥。我告訴她們，買一半藥就只能治好一隻眼。她們點了頭就走。這一回，她是不好意思來見我，所以央你代占卦代買藥了！」

那時圍着熱鬧的人都哄動了，道人有這麼靈的卦，還有這麼好的藥。於是人人都雙眼發直，簡直聽得呆了。婦人央求一會，道人硬是不肯賣藥，婦人沒法，只好收回兩塊大洋，放下二十個制錢當卦資，走了。

跟着便有些人請道人算卦。連潤如站在旁邊留意，凡是原來圍着的人請他占，道人都說：「沒有你的卦，不算。」凡是由人群外邊擠進來的人請他占，便都有卦，而且算得十分靈。沒有卦的人只好快快然瞧着別人占卦。

連潤如是個老江湖，眼看道人這般舉動，不信他這般神通廣大，便站着不動，看他到底如何。

道人一連算了八課，便對圍觀者道：「眾位不要算了，我要回店了。如有什麼求財問喜，謀事吉凶，疾病官司，何年生子，剋妻不剋，壽命長短的疑問，請來客棧找我。我是丫髻山的道人，來天津不為發財，只為重修廟宇結善緣。」

道人一邊說，一邊散傳單。散畢，便收拾卦攤，打道回店。

圍觀的人接過傳單，人人觀看，都看得嘖嘖稱奇，有不識字的人，便央人說那傳單的內容，一時熱熱鬧鬧，大家亂成一團，亂了一會才散去。連潤如心中暗笑。

那傳單，大字標題印道「報恩傳單」，內容則說道——

敬啟者，諸君台鑒：敝人李有仁，年五十九歲，西沽得人里居住，開洋行維生，膝下無兒，只有一女，現年二十一歲，前在女子大學讀書，勞心太過，得了乾血癆症，四肢發燒，咳嗽無痰，六七個月不見經血，請名醫若干不見功效，自己等死而已。幸遇友人言說，英租界順興公寓居住一位道人，占卦治病，有起死回生之能。敝人聞知，親往英租界順興公寓求該道人占算一課，卦上斷出我女之病為乾血癆症，卦斷上卦，遇緣有治。服藥兩料即能痊癒，每料藥資三元九角。當時交洋將藥一料取回，服後大見功效，又急拿洋三元九角，將第二料藥取回服完，病症痊癒。道人之藥真乃神效之極也……

傳單接着介紹，他薦親家及朋友往向道人求醫，都一一醫好，是故樂於廣為介紹云。

諸位讀者，這種傳單一直到七十年代，在報紙上還可以看到。及至八十年代，則改變形式，成為八卦周刊的新聞，或報紙專欄文字，地位立時高了許多。

然而換湯不換藥，真的萬變不離其宗，無非依然是用怪力亂神來行醫治病，同時其志亦必不在牟利，但求廣結善緣，人格偉大。

連濶如見了那張「報恩傳單」，一時好奇，想去打聽究竟，便無病裝有病，去英租界順與公寓去會那道人了。

到了公寓，茶房將他招呼進去北屋。屋內不見那道人，只見一個二十幾歲的男子，打扮亦與茶房相似，因問連濶如道：「先生是來算卦的嗎？」連濶如點頭，那男人便說：「先生請在這屋裏等着，道爺那屋內正給某某大洋行的老闆治病。」王亭之按，凡屬江湖，例必撻朵，那時開洋行的人即是社會名流，因此那男人便如此撻朵。若在今日，便撻影星歌星的朵了，這是時代不同之故。當然，社會名流的朵亦必照撻，此專視宣傳內容而定，若報紙專欄，名流威水，倘若是八卦周刊，則名流不及影藝界矣。

連潤如坐着等，一會見便陸續來了兩個女人、四五個男人。大家呆坐着便有人互相請教貴姓。其中一個老頭最熱心，到處兜人閑話。他問連潤如：「貴姓？」答道：「姓雲。」又問：「在哪處做事。」答道：「探訪局。」再問：「是自己占卦嗎？為什麼來占？」連潤如老江湖，答道：「是自己占卦問病，是餓病。」老頭見他話不投機，便賭氣不理他，忙着去跟別人搭訕。

等了大半個小時，茶房請連潤如去算卦了。

連潤如進到南屋，只見道人在屋中坐着，靠南牆有個玻璃架，上邊擺着許多藥瓶、藥罐。當中放着張八仙桌子，桌上放着個卦盒，旁邊放着六十四個銅錢。

道人見他進來，用手一指道：「請坐。」他將八個錢放進卦盒，搖了幾搖，再將銅錢一倒，看了看，便說：「你占不上卦。改日再來占罷。」

連潤如不服氣，問什麼叫做不上卦，道人說道：「我這卦為太上老君所傳，沒有書，只是口傳心授，若八個銅錢占得不像卦，就是來人心不誠，所以叫不上卦。」連濶如聽了，沒有話說，要付酬，道人不受。連濶如告辭，便往北屋去再坐着，那聽差直着眼望他，他只裝不見。這時卻只見其他人輪流進去，一個個如過海關，只是他們出來都手拿藥包，歡天喜地。連濶如跟他們打招呼，問起來，沒有一個不上卦，能算出是給什麼人占卦，得的是什麼病，都蒙道人給藥，有花去十元八塊的，當中有位太太，則花了八十大元，在民國初年，這真是一筆數字。

連濶如不能久留，便溜出客棧，在門口閑呆。正在這時，忽然有人一拍他的肩膊，連濶如回頭一看，是老同學李輔星，此人是當日天津的一號江湖人物。

當下李輔星便拉連濶如入公寓裏坐，恰巧他的房間跟道人的房間挨着，連濶如當下便將來意說明，又擺擺手叫李輔星不要說話，自己只將一隻耳朵挨着牆壁，聽隔壁說些什麼。只聽那房內有人說：「今天的生意很好，只是頭一個點，是個正點。」

這就是江湖黑話了。意思是說，頭一個客人是個紮手的人，那就是指連濶如了。

連濶如見他們說江湖黑話，好奇心自然更重，瞧見牆板有個縫，便往那房間偷着一看，只見和道人說話的，正是剛才在接待間跟人搭訕的老頭，心中便明白這是江湖騙局了。

道人問：「那個點兒，你要簧頭沒有（那個行騙對象資料，你查出來沒有）？」

老頭答道：「點兒是給她的孫食碼子求漢兒（替丈夫求藥），她的孫食碼子要念招兒（害眼病幾乎要瞎），是個火碼子（有錢人），你得海挓瓦（大敲一筆）。」

道人聽了，點點頭，那老頭子就出去了。

過一會，進來了一個四十多歲的婦人，道人給她搖卦，對她說：「你是給丈夫占卦的吧！」婦人道：「正是。」道人便道：「他得的是火蒙眼，有六個月了。這病能治，須吃兩料藥才能好。這藥很貴，連吃藥帶上藥，得一百塊錢。」

到這時，連濶如便已經明白，他們是成隊人來藉方術治病行騙。起初是擺個攤兒，再找人做媒，先引誘圍觀的人注意。及至有人入彀了，便找人在接待室做「敲托」，假裝亦來占卦，兜搭等候占卦的人閑話，乘機打聽那人是為什麼事來占，同時身價如何。這在行話便叫做「敲托的向點頭兒要簧」。

要到了「簧」，道人占卦當然十分靈驗。同時，既然知道來人的身價，當然就可以量力開喉，是故藥價便可以由三幾元開到一百塊，其實用的藥料都一樣，只是埋點眼科方藥，讓病人自己碰運氣。

大凡做這門生意，一定要合一大伙人，有人做媒，有人做「敲托」，有人做來手（宣傳），至於那個道士，雖然名為「掌穴」，實際上卻未必是老闆，因為要埋這一個班一定要有本錢，出錢的人便是幕後老闆。

這門生意又一定要走，因為長期住在一地，一定給人傳到聲名狼藉，假如走埠的話，老襯便搵不完。因此往往是「掌穴」一人帶着兩個三個親信走埠，走到一埠自有一埠的地頭蛇跟他合作。

王亭之轉述過連濶如親身經歷的這個故事之後，各位讀者自當心中有數，一理通百理明，曉得許多神醫故事的內幕。

明代袁氏相法

江湖中人雖藉相法之類偽術謀人財利，然而相法亦自有真，例如明初的袁珙便是相學大師，他著的《柳莊相法》一直傳至今日，好相學的人奉之為圭臬。

袁珙的相法重均衡，若身形高大者，必須聲音響亮；若面大者必須五官皆大；若形秀者則不得聲音嘶啞，諸如此類然後才能稱得上為均衡。倘不均衡則易招官非刑責。

袁珙的兒子袁忠徹得其父真傳。他少年時隨着父親謁見燕王棣，燕王問袁珙：「你的兒子號稱得到你的相法精髓，可否請他為我一相北京的重臣，你則為之提點？」袁珙答應，於是燕王棣便設宴款待當日留守北京的文武大臣，袁氏父子預席，暗中觀察。

宴罷，袁忠徹奏燕王棣曰：「都督宋忠方面大耳，然而卻身短氣浮；布政司張昺面方五小，然而卻行步如蛇；都指揮使謝貴身形臃腫，然而卻呼吸短促；僉都御史曾清身形矮小，然而卻聲音洪亮。這幾個人的相格，於法合該受刑而死。」袁珙對兒子的說話加以認可。燕王棣聞言，大喜過望，起兵奪王位之意遂決。後來果然起兵，把這幾個大臣捉拿，一一處死。由這個故事，可知袁氏的相法重均衡。但袁忠徹的相法是否靈驗，卻未可知，因為只可以說他打動了燕王棣的心。

清代江湖術士故事

不過相術到了清代，卻已多江湖作偽之輩。為什麼呢？因為每逢一門方術一旦流入江湖，江湖術士以求財為務，不似讀書人以之為純興趣，那就必然詐偽百出。

清人阮葵生《茶餘客話》記有一則故事云——清乾隆年間有一相士，居於佛寺，其相術甚為膾炙人口。一日，狀元莊培因與某上舍同赴宴會，席間二人相約同往看相。及席散，二人同車而行，可是上車前卻彼此換帽而戴，意在考考那位相士。這時候，相士安排的眼線，早已快馬通知了他。

誰知二人於同車之際，莊狀元卻忽頭中氣發作，認為換帽即嫌輕薄，於是又將帽換過。而此事則眼線不知也。

及到了佛寺，這相士對某上舍百般奉承，謂應中狀元，後運可官列巡撫尚書，對莊培因則輕詆之，謂其終身不能入翰林。莊培因與某上舍唯唯諾諾，忍笑而退。事情傳了出來，相士立刻聲名大損，無法在京師立足。

江湖作偽之輩多佈置眼線，尤其喜歡收買傭人僕婦。僕婦輩彼此來往，是故能收買兩三人，就可以打聽到成座大廈主人的事，但能知一二事，便可以嚇倒人。這種伎倆，蓋可謂古已有之也。

然而術士雖佈眼線，有時候也要有急才。像前面說的故事，那個在北京佛堂的相士，實在缺乏急才，以致一味依眼線的報告辦事，由是聲名受損。

《清稗類鈔》所載的一則故事則不然，故事中的江湖相士實有急才。

故事說——在當日北京有一個在街頭擺攤的相士，一向負有盛譽。有一日，一個胖頭胖面戴錦緞瓜皮小帽的客人來幫襯，術士見其衣飾整潔，兼且相貌不俗，於是一味奉承，說他目前雖是個小京官，但前途卻無限云云。他一邊說，這客人便一邊微笑，句句嘴都不搭，相士見到，心中十分不是味道。

正在這時，相士的眼線來到，向相士打訊號。相士知道訊號是說來客乃一喇嘛，這回真的不好了，如何可以轉彎？

這相士真有急才，只見他一手扯着來客的衣襟，一手揭開來客的錦帽，露出一個光頭。那相士說：「你騙我，我也騙你！」這時圍觀的人立刻哄然，那喇嘛撥開相士的手，急急遁走，圍觀者無不稱讚相士的相術如神。

相士之所為，真可謂點媸成妍。然而此亦正是江湖術士的伎倆。所以親眼所見尚未必為真，若耳食之言，更適足以為術士張目耳。

相法的局限

任何術數都有它的局限性，王亭之對術數的態度是，相信其術，可是亦知其局限，如是便能不陷於迷信，且能善用其術。

以前述種種相士的騙術為例，無非是利用顧客根本不明術數的局限，是故始能受其所愚。

相術的局限，在於相法須跟社會環境配合。在封建宗法社會，「一言堂」受到尊重，所以老人法令紋深便代表威權（法令紋是鼻左右兩側下彎至下頷的紋迹），所以相書稱之為「金縷」，紋深則主敦重嚴肅，然而若在今日的香港，後生仔早已將老人視為「老餅」，法令紋深的老人，何權威之有耶？

又如八字眉，古代相學家視之為福薄。古訣云：「兩眉如八字，男客亡、女不正。」這亦是配合古代社會環境的說法。因為眉如八字的人工心計，在古代社會，工心計的人，時間一久即不容於鄉里，因此非遠走他鄉不可。至於女人工心計，那就自然「不正」了。可是若在今日，工心計的人反而可以大富大貴，而女人利用心計向上爬，成為女強人，亦不能稱之為「不正」也。

然而古代傳下來的相法，所據者盡是古代社會環境的配合，所以持古書古訣來看相，每每失於死板。這死板便即是很大的局限性了。業者無法突破局限，是故便只能出術，「輕拷響賣」以愚人。

相形不如相心

先秦時，荀子著有《非相》篇，有兩句話說得很精采——「相形不如論心，論心不如擇術。」這是用「心術」來相人，是真可謂得相法神髓了。

人的心術，決定了人的行藏舉止。所以同一件事，不同的人便會作出不同的決定。有人厚道、有人睚眦必報。這種心術便跟社會環境無關了。由是古人才特別重視「相心」。

可是能相心術，亦必須配合社會環境然後才能斷言其際遇。因為有些社會利於尖刻，稱之為精明，有些社會則利於敦厚。像明代末年，凡敦厚的大臣反易惹禍，而尖刻者則易權傾一時，那就是末世的社會風氣了。

然而真能擅長相人的人，必擅長觀心。楚國有人善相，楚莊王向他問相法，你猜他怎樣回答——「臣非能相人也，能觀人也，能觀人之友也。」所謂「觀人」，即是由行藏舉止以觀其心術，由其所結交的朋友來觀其心術。這就跟光是按形格部位來「相人」不同。

所以唐代皮日休斥責當時的相士道：「有誕妄之人，自稱精子卿、唐舉之術，取其金則易於反掌矣。有能以聖賢之道自相其心哉！」這即是重心術而輕形格之論。喜歡看相的人，不可不知。

相人的心術，可由「相神」得之。神也者，不只是看人的眼神那麼簡單，雖然，由眼神亦可知心術。如孟子所言，若人的心術正，則雙眼明朗，若心術不正，則眼神恍惚。但眼神卻不可以代表「神」。

神，是人的意志、情緒、涵養、心計等因素的綜合表現。若人於環境突然轉變時，表現得意志動搖、情緒激動、涵養不深、心計百出，則其人之神可謂不足道矣。

梁代時，傅昭尚為小兒，而當時的大官袁顗卻偶然來到他的書室，傅昭「讀書自若，神色不改」，於是袁顗乃曰：「此兒神情不凡，必成佳器。」

這就是相人之神了。蓋若普通小兒，一旦知道大人物來到，尚豈有不踧踖不安、手足無措者耶？此即所謂「六神無主」。

敦珠法王的神宇

古人相神，有兩句話很精采——「恢然遠視，若秋日之照霜天；巍然近矚，似和風之動春花。」

秋日照霜天，即是一片明澈；和風之動春花，即是一片祥和。斯可謂得之矣。雖居下位亦必能發達。香港有一位富翁的相格，人雖嫌其寒削，可是其神宇卻真明澈祥和，可謂「抵佢發達」。一般相士稱其為鶴形、鷺形，只是皮相之談耳。

然而這兩句話卻還須補充一下。

神宇明澈，是由遠視之而得的感覺。蓋自遠望之，其人「恢然」，即是毫無作態，舉止自然，但由其自然舉動，卻令人覺得其明澈。明澈者，即是爽朗明快，器宇大方。

神宇祥和，是由近觀之而得的感覺。蓋自近觀之，其人「巍然」，即是身不動搖，舉手投足之間毫不輕薄。然而其人雖巍巍然坐如泰山，卻感覺不到他的壓力，但覺其和藹可親，是則稱為祥和。

王亭之一生觀人神宇，唯西藏密宗甯瑪派的法王敦珠無畏智金剛足以當此兩句話。敦珠法王遠視之自有威嚴，但此威嚴卻無壓力，近親之亦有威嚴，而此威嚴卻融於一片祥和之氣當中，是故法王一生福厚，生前死後都有名望。

相由心轉

人的神宇既然跟涵養有關，那麼，當人的氣質改變時，其人的神宇亦必同時改變。許多故事說人能行善即改相格，其實所改變者實為神宇而已。

所以亦不只行善可以改變神宇，甚至連讀書都可以改變神宇。

三國時吳國的呂蒙，出身流氓，後來受孫權之勸而讀書，整個人的神宇立即改變，於是孫權稱讚他道：「非復吳下阿蒙矣！」——這句話等於說，「再不是尖東的阿蒙仔了。」是則當日的阿蒙，其行為舉止蓋可知矣。但一旦修心，氣質卻能改變，是之謂「貌由心生」、「相由心轉」。

相貌的轉變雖由心，實際上心所改變的並非相貌部位形格。眉短疏的人，修心亦不能令眉濃長；鼻扁的人，修心亦不能令山根高聳，然而由於氣質改變，神宇改變，所以雖眉疏鼻扁如故，可是看起來卻令人覺得另有一番氣象，「非復吳下阿蒙。」是故但能修心而不畏禍福，則神宇必能改造過來。一旦神宇變好，則必得道多助。這個道理，絕非江湖術士侈談「改命」之輩可知。

測字篇

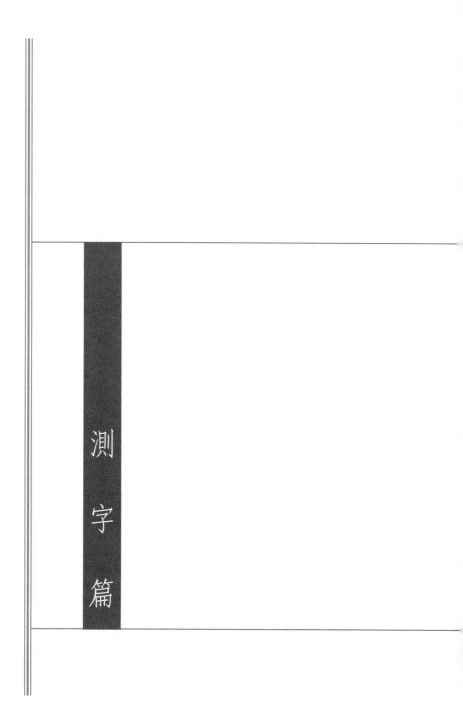

用「測字」投石問路

江湖術士還有一樁把戲，便是測字。

測字之學本來並非江湖，實在有點道理，但江湖術士卻每每利用此道來「拷」人的陰私隱秘。王亭之見人寫一「天」字，術士即「拷」曰：「這個字如果是問婚姻便有趣了。」來人搖首，術士再拷道：「唔係問合作生意吖嗎？」問者立即色動，於是術士即曰：「天字是二人重疊不出頭，即是說，兩個人爭權，各不相讓。一山難藏二虎。」

說到這裏，問者便已投降，一五一十將自己的處境說出來，術士投石問路畢，便既看相，又睇掌，還用「靈」來感應一番，然後將問者說到嗡頭嗡腦。這時候，問者已經忘記了他起初說「問婚姻」這句話了，一味以為他憑測字看相便看出自己的合作生意有問題。至於後事如何，當然無人追究，即使當事人也未必會記得術士許多說話。

所以身為術士之流，知今已時與十八般武藝精通。相士忽然變成「密宗大師」，原因即在於此。蓋這般出一招，那般出一招時，來客便會給他搞到頭暈，「輕拷」既畢，然後「嚮賣」，那就可以幾乎騙人一世。

然而王亭之卻不妨一談測字之學。

測字祖師爺謝石

測字的祖師爺名謝石，是北宋宣和年間活動的人物。當時宋徽宗做皇帝，起初甚為享受，寫字畫畫，經營花石，嘆足世界。可是卻正因太過嘆世界，嘆到不問朝政，將國事交託蔡京、高俅，於是綱紀日亂，及至宣和年間，起初還能維持表面繁華，到後來便一床棉被包不住，終於給金人俘虜了去，以致死於異域，因此謝石之在京師，實在可以說是風水尾，尋即見到皇朝傾敗。

提拔謝石的人正是傾敗皇朝的權臣蔡京。相傳蔡京初識謝石，謝石其時只是一名小武弁，不過已因測字而名動公卿，蔡京於是書一「公」字叫謝石測自己的後運，謝石說：「公師已位極人臣，福壽如此，不必更問所問的吉凶了。但為了表示我的微術有驗，敢請問公師少年時曾改名耶？」蔡京笑頷之。蔡京改名的事，連他的兒子都不知道，因此蔡京便看重謝石，一再薦拔，每任皆為優差，人亦知道他是蔡京的手下紅人。

謝石測字的故事很多。有人書一「庚」字來問，謝石說：「你不見了東西嗎？一定是不見了金帶，別着急，三日後便找到。」後來果如所言。

照王亭之猜，謝石其實生來有第六感，只不過借測字來表出而已。

有一人的妻子懷孕，過月不生，其妻手書一「也」字請謝石測。謝石見字問道：「是你太太寫的字？」那人點頭，問他何以測知，謝石說：「也字是語助詞，所以知道是賢內助所寫。」

又說：「尊夫人今年卅一歲？」那人又點頭，復問何以知之，謝石道：「這也字看起來，像卅一，所以我便知道。」

那人請教道：「我求官京師，多年力求遷動都不可得。」謝石道：「你看看這個也字，說是池，卻無水；說是馳，卻無馬，無水無馬自然不能遷動。」

那請測字的人不禁點頭。謝石卻反問道：「尊夫人一定父母兄弟皆無，近親更無一人。也字有人才是他，如今獨見也而不見人。再說，尊夫人家的產業亦必蕩盡，也字有土才是地，如今則見也不見土。」

那人點頭道：「先生都說對了，但這卻非所問，內子懷孕過月未生，是故問耳。」謝石說：「也字着蟲則為蛇字，尊夫人所孕必為蛇妖，且已孕十三個月，以也字亦像十三。」

那人請謝石回家，謝石出藥令其妻服之，果然產下百多條小蛇。

這事當時傳遍京師，人皆以為神。然而由這故事，卻正可以看出謝石實在是借測字來發揮第六感。

有些人天生有第六感，當其心意集中之時，憑直覺就可以說出別人的隱事，如果勉強用科學來解釋，則是能接收別人的腦電波。這些人如果坦白說出自己是憑第六感，那就不值錢，假如用術數來包裝，那便容易成為名傾一時的術士。

台灣有一個相士，用摸骨來包裝，可以說出來人的姓，以及配偶子女的生肖、兄弟存亡，百分之百準確，其實這相士憑的便是第六感。有人說他養鬼仔，要破他的法，入門時先將一些糖果灑在門邊的馬路上。誰知摸完了骨，還給那相士吩咐：「請拾回你丟在門邊的糖果。」瘀得很。

然而相士這回卻露了餡，他分明是憑第六感才曉得來人丟糖果在地，因為這絕不是摸骨可以摸得出來的事。

謝石測字，說人家的也字無馬不能馳、無水不成池，無土不成地，無人不成他，然則為什麼說人家懷的是蛇胎時，卻又不說「無蟲不成蛇」呢？

可見他只是完全憑第六感來測字，感到來人的妻子娘家傾敗，來人又官運迍滯，便隨口湊合，說「無馬不能馳」等等。

然而謝石的第六感畢竟厲害，所以連皇帝都給他嚇倒。

當金人侵宋，金兵已逼近京師之際，宋徽宗內禪帝位給他的兒子，史稱欽宗。這時，徽宗身為太上皇，因心情焦躁，便命人持一「朝」字找謝石來測。

謝石見字，對來人說：「這不是普通人測的字，我要面見其人才測。」來人問他為什麼這樣說，謝石道：「上皇的生日是十月十日，此朝字非十月十日耶？」

來人回去稟報徽宗，徽宗歡喜，便召見謝石，謝石應對得體。徽宗於是暗中命人叫欽宗書一字來，欽宗書一「太」字，謝石見字稽首，奏道：「此太字的點，點得有些橫，必為太子移為天子。」徽宗稱賞，以金帶賜之，且封官為承武郎。那時他的靠山蔡太師已倒，可是他又能得徽宗的歡心，真可謂愈爬愈高。只是後來他亦被貶官，遣回成都，人一黑便聲名大減，終於鬱鬱死於家鄉。

這又不及今之術士，寧願做個平民，反而風花雪月。

相傳謝石亦早知北宋會覆亡，曾對蔡京的兒子蔡絛說：「天下快要大亂了，唯四川尚可平安二十年，二十年後則不知矣。」

這麼一說，便亦露了餡，分明是有第六感。如若不然，怎知道天下大亂四川獨能平安？然而其第六感亦實在高明，加上其人亦不恃勢橫行，是故尚堪稱為宗師。

離合文字的測字術

最古老的測字，可說源於西漢時的今文學家，這群經師，常用「離合文字」的方法來解字，例如說，「土力於乙而為地」，即是說「地」字由土、力、乙三字合成，因此說之為「土力於乙」。至於什麼叫做「土力於乙」，那就要引經據典，費一番工夫來解釋了。

當時跟今文學家打對台的古文經師，覺得今文經師「離合文字」太過荒誕，因此便將文字的結構整理出一套規律，稱為「六書」，即是文字結構的六種法則。由是研究漢字結構才上了軌道。《說文解字》便是研究「六書」的偉大成果。如今學刻圖章、學寫篆書的人，如果不讀《說文》，便等於胡來，而且亦必然學不好。

但測字的術士則不根據「六書」，反而退回今文學家的壁壘，但以「離合文字」為務。所以謝石測「朝」字，才會說是「十月十日」。又如測「太」字，才會有「太子」、「天子」之說。這就是走今文學家的老路了。

然而用這方法測字，則實始於西漢王莽之時。王莽嫌「錢」字跟「劉」字都從「金」，故改錢稱為「貨泉」，其時便有人離合「貨泉」二字為「白水真人」，結果出身白水縣的劉秀果然推翻王莽，建立東漢。這故事可稱為測字祖宗。

讖諱占夢與測字

不過當時盛行讖諱的兩漢，離合文字的目的倒不在測字，而是服務於讖諱。

例如東漢末年，董卓入主洛陽，洛陽便流傳謠讖曰：「千里草，何青青，十日卜，不得生。」那便是將「董」字離為「千里草」，將「卓」字離為「十日卜」。

又如東漢末年有謠讖曰：「日載東，絕火光。不橫一，聖明聰。」那是預言曹操的長子曹丕將會成為天子。「日載東」是「曹」字，因為在漢代，人們習慣將「曹」字寫成「日」字上頭兩個「東」。至於「不橫一」，當然便是「丕」字了。

兩漢時又喜歡離合文字以占夢。如劉秀夢到擒得一頭羊，割去兩角一尾，占夢的人便說：「羊」字去兩角一尾，便是王字，此乃為工之兆。後來劉秀果然先稱王，後為皇帝。

又如吳國的丁固，夢見肚皮上長出一株松樹，占夢的人說，「松」為十八公，主十八年後貴為三公。後來此占亦果然應驗。

還有一個故事，三國時蜀將魏延當權，他夢見頭上生角，其時趙直便私下對人說，「角」為「用刀」，頭上用刀大為不利，後來果然魏延因造反而為馬超的弟弟馬岱所殺。

由這些故事，便可知測字術實跟兩漢的讖諱與占夢一脈相承（後詳）。

不過，說測字跟占夢有關，實在亦並不離譜，因為二者都是來人的潛意識反應。來測字的人隨手寫一個字，就跟作夢的人一樣，實際上都由潛意識主宰。

許多年前，李翰祥大導在半島茶座偶見王亭之，說要測一個字。他掏出筆來，吟沉半晌然後才狠狠地畫一畫，然後陰陰笑遞給王亭之。王亭之見他的「一」字，下筆甚輕，可是卻愈畫愈有力，結筆且作回鋒之勢，於是乃斷之曰：「你謀望的事一定成功，只須下定決心可也。」這樣的測字，十分不夠江湖，然而卻是真材實學，何解？無非只是分析他的潛意識耳。若江湖，就指冬瓜、畫葫蘆一番，令人聳然動容也矣。

原來李大導那時是想去北京拍片，後來他拍的片果然成功，清宮片便是如此這般給他拍到翻生者。一部連一部，清宮實景，可以成為電影文獻，因為以後要入故宮拍戲，恐怕便很難矣。

他當日下筆猶豫而狐疑，自然是成敗尚無把握，後來狠狠一畫，足以證明其拚老命的決心。筆勢回鋒，是有後梢也。肯拚老命而有後梢，當然是拚命成功之兆。

由這個例子，可以知道測字與占夢的關係所在。

宋神宗相字改年號

不過測字之術到了宋代，人們已將陰陽五行和四神（青龍白虎螣蛇元武）等附會於其中。這樣一來，便將測字的潛意識因素沖淡了。測字的方式因此也發生改變，原來是由來測字者自書一字求占，後來便變成先由測字先生準備許多字，然後由來人信手拈字，這個字既非由來人直接書寫，當然也就談不上什麼潛意識的表露。

宋神宗初用「熙寧」為年號，後來因為連年大旱，神宗以為「熙」字下面的四點是「火」，兼且「熙」亦為熱象，是以下令改年號。朝臣擬改年號為「大成」，神宗不悅，說「成」字是「一人負戈」，天子為當今第一人，是故負戈即為兵象。朝臣再擬改年號為「豐亨」，神宗又不悅，說「亨」字「不成人子」。最後才決定改年號為「元豐」——後來有人認為元人取代了宋朝，「元豐」即是先兆，豐者大也，元人由是坐大，足見神宗當年相信「相字」，誰知愈相愈錯。

然而由神宗的挑選年號，已可知其相字已非根據來人的筆書，等於信手拈一個字來相。這種方法，其實是測字術的退步，因為太過穿鑿附會。

所以王亭之主張，依舊要來人親筆書字來測，這然後才是正道。

五行測字四例

然而測字之術自從比附了陰陽五行，其術反而更加光大。為什麼呢？因為多給了術者「觸機」的方便。所以王亭之只非議拈字求測的方式，倒不反對測字用五行。

王亭之於五十年代末申請來港，遞申請表後，路過城隍廟，忽然心血來潮，便踱進去廟前那條街找人測字。王亭之隨手寫了個「卜」字，其人斷曰：「不上不下，事必難成。」王亭之問：「難成即是始終可成？」其人曰：「卜為冷木，及至壬寅年丙午月即可成矣，因為既有寅木之助，又得丙火溫暖。」

王亭之屈指一算，是時距一九六二年壬寅年還有兩年多，豈不糟糕。後來申請果然被拒，以後一直申請了二百五十多次，然後在陰差陽錯的情形下得到批准。到澳門時，是壬寅年端午節前三日，即是壬寅年丙午月，果然一片木火，那位測字先生可謂測得十分靈驗。

不過王亭之卻始終不明，「卜」字為什麼會是「冷木」呢？後來讀了幾本宋明人編的測字書，才知道直畫直橫為木，有依靠則木有寄託，若上下左右依靠不足，那稱為「冷木」。

然而直筆若長則為陽木，「卜」字的一直很長，故占者乃許壬寅年得以申請成功。只可惜王亭之已忘記了當時測字者的名號，其真實姓名當然更不知道。

利用五行來幫助測字，尚有幾個小故事可以一談。

一人測字問父病，拈得個「哭」字，不禁大驚失色。測字先生卻叫他不要慌，此乃吉占，因為「哭」字是「兩口俱全」，主父母皆平安。「哭」屬水，此字的一點懸空，為「塵沙土」，不足以剋水，必須要等到戊日才好，因為戊為乾土，正足以制水。後來此人的父親果然於戊日病癒。

一人測字問小孩病，信手寫了個「水」字，測字先生說：「水不成永，小孩必難痊癒。」至於死期，當於五日之後，因為是日為土剋水。後來亦果然應驗。

抗日戰爭時期，先父紹如公避地澳門，他的好友于士傑先生出任廣東省高等法院院長，來函邀他回廣州幫手。其時盛傳汪精衛跟蔣介石二人「扯貓尾」來應付日本人，所以當偽官不算漢奸，先父委決不下，便找王亭之的道家師傅盧先生測字，因為于士傑先生字漢三，是故先父便隨手寫了個「三」字。盧先生測曰：「橫畫為木，是為三木之象。古人稱三木之刑，是象大凶，至於應期當在酉年。」

到一九四五乙酉年，日本便投降了，廣州到處捉漢奸，先父測字之占，可謂奇準。

這些都是五行測字之例。

五形的字例

為了提高讀者對測字五行的興趣，王亭之可以約略一談此術。

第一木形，訣曰：「有直不斜方是木」，最標準的木形是一直筆，例如「申」字。然而直的橫筆亦算是木，例如「丑」字。但若直筆橫筆帶鈎，則不算是木。

筆勢長，稱為陽木，如「申」字的一直即長；筆勢短，則稱為陰木，如「幸」字的兩直筆即短。

筆勢直而依靠弱，稱為「冷木」例如「卜」字為陽冷木，「占」字陰冷木。但「古」字為非冷木，因為古頭的「十」字，橫直交加反而屬土而非屬木。

至於「乙」字之類，稱為「舟木」。「乞」字為木生火，因為乞頭屬火，故主出門大利。但「吃」字卻因口為土形，木生火，火卻去生旁邊的土，而木土又相剋，是故出行便主受到損失。至於「飛」字，因為「乙」字帶連短撇不少，撇屬火，所以又主出行吉利了。只是因為有兩「乙」字，是故主兩重舟行，即是要換船遠行才吉利。

王亭之曾為人測「車」字，問新職業能否久長，斷為「孤木剋重土」（長短橫筆參差則屬土），因此甚為吃力，不過始終有成。結果未破招牌。

測字術以「凡撇皆屬火」。假如來客寫「天」字，寫得一撇獨長，那就作火看，而不必計較以橫畫為木了——但假如寫得筆畫平均，那就是橫畫的木生火。

然而此中又稍有變化。若一點與一畫相連，則稱之為「炎火」，例如「炎」字與「火」字。火勢炎炎，象徵火勢有力。

凡「八」字亦屬火，稱為「餘火」，跟炎火相比，火勢相差很遠。

四點亦為火。例如「烈」字、「熊」字之類，且稱為「真火」。炎火勢力雖大，但卻易熄滅，因為炎炎之勢必不耐久，真火則不然，十分耐久。

火亦分陽與陰。凡長撇屬陽，短撇屬陰。前者例如「火」字的一撇、後者例如「從」字的撇，撇雖多而皆短。

相傳明代的權臣嚴嵩找人測字，寫一「從」字。測字的人說：「相公多人扶助。」於是嚴嵩的左右皆大喜。這個術士出來，人問其測字的情形，術士告訴了他，但卻補充一句：「只可惜相助他的盡屬陰人。」這即是因為「從」字凡撇皆短之故。

測字訣曰：「橫畫連鈎作土稱」。例如「定」字的寶蓋頭，又例如王亭之的「亭」字，「橫畫連鈎」部分居中，最起眼，因此整個字即可定為土格。

若橫畫無鈎，則稱為「寒土」。例如「二」字。但倘若無鈎而有依傍，那又不是寒土了，例如「王」字、「工」字卻依然是土，只非寒土而已。

倘若十字形，則訣曰：「橫直交加土最深」。這是因為直為木形，木非厚土不能培植，因此凡有「十」形者皆視之為厚土。如「王」字、「幸」字。但「工」字卻不是。

一點懸空謂之「沙塵土」，但連點卻不是。例如「戈」字旁的一點為沙塵土，然而「淺」字旁的三點水卻屬水不屬土——讀者會問，就以此「淺」字為例，既有水旁，又有沙塵土，那麼當它是土抑或是水呢？答曰：既屬土，亦屬水，但卻是以沙塵之土來激發水氣，化為雨露。這即是明清測字術者的論點。

點挑撇捺相聚之形屬土。如「發」字頭之類。這類字形，一律叫做土字頭。凡橫長者為陽土，短畫為陰土。如「王」字，既為厚土亦為陽土，可是「鵬」字多短畫，且絕無長畫，斯即為陰土也矣。陰土未必淺，但卻不滋生草木。

測字訣曰：「一挑一捺俱為金」。然而挑必鋒銳，捺必下垂始是。例如「挑」字的偏旁，「炎」字下面的一捺皆是。但如「之」字，那一捺太平直，便作水格而不作金格。

小口亦為金，例如「哭」字。但口大卻非金，例如「國」字。

由此引伸，「目」為「囊金」，所以「罵」字頭本已屬金，若來客將頭上的雙口寫成橫「目」形，那就可以斷之為囊中金。

三點水自然屬水，但由於有一挑之勢，所以稱為「水中金」。訣曰：「兩點加挑金在水」。水中的金不現成，若論求財，自然不似囊中金為吉利。

「几」字稱寒金，例如「凡」字、如「鳳」字。但「凡」字是金中有點火，而「鳳」字之中多橫畫，是為金中有土。二者比較，「凡」又較「鳳」為暖。或曰：「鳳」中的「鳥」有四點，不過這四點卻不屬火，此與「六書」有關，在此很難解釋。

交叉為「火中金」。例如「交」字的下半。

至於陰陽，則以口為陽、以交叉為陽，以挑捺為陰、以三點水為陰。

測字訣曰：「一點形稱雨露水。」例如王亭之的「亭」字，一點頭，是即為雨露水。這需要跟懸空一點作分別，懸空點例如「戈」字，前已說過，為沙塵土。

若「一」字，則稱為「寒土化水」。但若此橫畫上有其他筆畫依附，那又不算化水了。因此，若來人求測「王」字，假如將筆畫寫得披離，下面的一畫不跟上頭的「干」字相連，是即為寒土化水之象——由此可知，測字以來人寫字求測為正宗，若拈字來測，只是江湖術士設此以求方便，既便人，又便己。

前說過「目」字屬金。可是，若來人將「目」中的兩畫寫成跟兩邊的直筆相連，那便是

「無源水」而非金格了。有人寫「眠」字問移民，王亭之曰：「可以移得成，但卻很難在外地搵錢。」為什麼，正因為他將「目」旁寫得十分工整，成為無源水。水而無源，自然是移民之象，可是亦是搵錢艱難之舉。

「走之旁」亦為水象，例如「迂」字。「于」屬土，之旁屬水，有土剋水之象。字腳分點亦屬水，如「六」字。其頭既為雨露水，其腳則稱為野水。

凡字的水形佔比重大者稱陽水，如「自」字。但若水輕淺，則為陰水，如雨露水、野水之類。

談過測字的五行，王亭之可以舉一故事為例，俾讀者知道其運用之道。

清代江南有一富戶上京師求官，已帶一家僕同往，及至姑蘇，又找到一個僕人，因不知這僕人是否可以幫得自己手，又不知是否忠心，因此便找人測字。

他寫一「炎」字來測。測字先生說：「大吉。炎為雙重炎水，你去北方求官，北方屬水，是為水火既濟。」

江南富戶說：「照你的說法，北方屬水，炎加水為淡，豈不是代表我功名財利淡泊？」

術者笑曰：「三點不是水，是水中金，所以是水火既濟而得金之兆。你是南方人，僕人又為南方人，寫的炎字又為炎炎之火，火勢太過，是故遠遊北方水旺之鄉自主大利。」

後來此人在北京求官，自己以為有把握的門路都一一斷掉，虧得兩個僕人結識了李蓮英手下的人，那就找對門路了，化三萬兩白銀，買了一個「遇缺即補」的候補道，分發河南。河南總督見他來頭大，立刻給他補了缺。這兩個僕人又結識了總督姨太太的親弟，於是一年後轉為糧道，那是個著名的肥缺，一住下來，百萬雪花銀，那富戶也就退休了。蓋官已做過，財亦發過，不退何待。

就事論字的測字法

有時，測字術並不靠寫一個字來求測，而是就事論字，亦可測得奇驗。

北宋時，章惇當政，貶逐忠良。他因為蘇東坡字子瞻，便把他貶去儋州；蘇東坡的弟弟字子由，便把他貶去雷州，以由字為雷字的下半；蘇東坡的門生黃魯直貶去宜州，以「直」「宜」二字相近。這正是權臣濫權，故意對被貶的人加以戲弄。

當時的人便就所貶的州名測曰——東坡貶儋州，有立人旁，既尚有人，應該還可以北歸。雷州的雷字，雷雨在田，可承天澤，因此亦應該可以得天子重新起用。只是黃魯直給貶到宜州，宜字是直字「蓋棺」，黃九相信很難再回朝了。後來果如所斷。

宋高宗初建都杭州，聞有術者精測字，於是指着杭州的「杭」字命術者測。術者曰：「杭為兀朮，金兀朮必來犯，請聖上早作準備。」宋高宗於是立即下詔岳飛部署。岳家軍於是大敗金兀朮於黃天蕩，從此保住了南宋半壁山河。宋高宗慰問岳飛的手諭至今尚存，當時誰人能料他竟會授意秦檜殺岳飛。

這兩則故事，都不是臨時寫成一字求測，而是就事就地論字，居然亦有奇驗，足見測字之術在乎變通。然而由此亦可證明，測字跟占夢有心理因素。

筆迹分析定我半生

測字如果是由來人親筆寫字來測，那就有點等於「相字」，亦即筆迹分析——所以宋代無測字之名，只叫做相字，可見那時的測字，筆迹分析的成分非常之重。

談到筆迹分析，可謂跟王亭之生平事業關係頗大。

六十年代末，澳洲金業鉅子曲克來港，跟王亭之見過一面，其時王亭之還捱牛工。

一年之後，曲克忽然派人來找王亭之，要王亭之開公司代理澳洲及新畿內亞的黃金。

這建議嚇了王亭之一跳，蓋自己何來偌大的本錢耶。殊不知對方提出的條件優厚，一口就答應代安排銀行三千萬港元的信貸，這在一九七零年是一筆大數字，如果拿來買中上大廈單位，可以買一百個以上。

為什麼只見過一面的曲克先生，對王亭之竟如斯信任呢？後來過了五年，他才揭曉，原來王亭之曾去酒店回拜，他外出，王亭之於是留下一張便條，請他覆電，他拿着那便條回澳洲，找了兩個人做筆迹分析，分析結果一致，對王亭之評價甚高，在信用方面可謂給足一百分，最大缺點則為急躁。因這兩份分析，他便決定資助王亭之創業。

那兩份筆述分析副本，前幾年還未失去，如今遍尋不獲，真恨事也。

由碑帖學相字

中國傳統的相字術，不管字體寫得好壞，但觀其精神以及結構。精神是屬於形而上的分析，結構則是形而下的分析。二者兼顧，可謂十分之全面。

要學這種相字術，最方便的方法，是拿着古人寫的碑帖來學。許多書家我們都知道他的歷史，由其字迹來比對古書所說的推斷，再反觀書家的一生，那就可以對我國的筆迹分析術心領神會。

譬如古訣云：「筆勢跌蕩，一生流浪。」我們看宋代書家黃庭堅的字，跌蕩無比，他為章惇、蔡京所害，貶於宜州，卒於貶所，終不能復還鄉里，那就可以體會到，同一被貶，黃庭堅實不及蘇東坡幸運。

至於蘇東坡的字，則可參考古訣所云：「筆勢寬洪，逞英逞雄。」蘇東坡有點恃才，是故便招奸小所忌，所謂寧得罪君子莫得罪小人也。甚至連專學他書法的人，都有同一毛病。例如挾溥儀出北京、創立滿州國的鄭孝胥，書法學蘇，便亦有逞英雄之病，若不逞英雄，他就不會勾結日本人成立偽滿。他有詩云：「手持帝子出虎穴，千古茫茫無此奇。」此非立心逞英雄而何耶？成為漢奸，非本意也。

王亭之自己的字，亦犯了跌蕩之弊，是故垂老尚兩度移家。

然而根據古訣來學相字，卻須注意一點，古訣只針對個別筆勢特徵，可是每個人的字，常常不只一種筆勢，所以就不能憑一句口訣就作出簡單分析。

例如李邕（李北海）的字，雖然符合古訣所云：「筆畫平直，豐衣足食。」以及「筆畫分明，決有前程。」（跟這兩句口訣相對的是「筆畫偏側，衣食斷隔。」及「筆畫粘滯，是非招怪。」）所以他一生有功名，有聲望，可是他的書法卻嫌過尖，古訣云：「筆勢尖小，其人心了」。所謂心了，即是太過恩怨分明，因此終為奸人所害，不得善終。

又如宋代的蔡太師蔡京，他的書法，合古訣「筆畫穩重，衣食豐隆」，以及「筆畫端正，衣祿鐵定」，是故由白衣致卿相，權傾朝野，失敗後的下場亦不太慘（賈似道的下場便比他慘得多），然而他的字卻亦如古訣所云：「筆畫如針，此人毒心。」蓋蔡京的書法雖佳，但尖垂卻不收鋒，當作針勢也。

香港近代書家，福分最好的是陳荊鴻。荊翁的字合符「筆勢精神，必有聲名」，以及「筆勢剛健，力量識見」的古訣，真的是「一清到底」有精神，是故得享高壽，而聲名則達至海外。雖非富貴，於文化界中蓋已屬難得。

由相字看社會現象

相字的通則，是以筆勢有精神為貴。可是近代書家卻多喜狂怪，以筆勢欹斜為奇特，以筆勢彎曲為氣勢，若按諸古人的訣法——「筆勢欹斜，飄泊生涯」；「筆勢彎曲，奸巧百出」，這便絕對不是一個好的社會現象。這樣的社會，太過大起大落，即所謂「富貴不耐久」，何只三十年河東、三十年河西也。

更糟糕的是，將橫霸的筆勢當成雄健有力，這就更非好事。口訣云：「筆畫分掃，破蕩家早」，是故就更象徵許多人的起跌無常。

每一個時代，有一個時代的書法特點。大致來說，時代愈古的人，筆勢愈厚重。所以六朝碑版以及唐人寫經，都有一種氣派。這象徵當時的社會，是忠厚的人成為社會主流。因此自然有一股社會的倫理道德力量，分別是非曲直。可是時代愈晚，筆勢便愈澆薄，時至今日，世人已普遍不識分別狂亂與精神、橫霸與雄健的分別。這是一個很可怕的社會現象，難怪如今許多是非曲直已難分，而奸巧百出的人卻反而振振有詞。尤其是神棍術棍佛棍之多，多過公廁十倍，正足以證明眾生的共業愈來愈壞。

王亭之很希望如今教授書法的人，漸漸導學生入正軌的筆勢。當書體普遍改變之時，人心自亦會隨之改變，這是很玄的事。

讀者也許奇怪，為什麼說人的筆勢改善，則其心術亦會改變呢？王亭之這樣說，並非迷信，而是有心理學上的根據。

人的心理可以改造——學佛即是一個心理改造過程。然而改造心理卻不一定要憑宗教信仰，倘如能夠通過一些學習來改變氣質，那麼，當氣質變好之時，其人的心理亦必同時變好。因此，學習光明正大的書法，實在亦可以改造好學者的心理。

所謂光明正大，即是不可求奇求怪，求筆勢飛舞而澆薄，亦不可誤認「沙筆」為有力。「沙筆」過多，則有如古人口訣所云：「筆畫枯槁，財物虛耗。」雖然虛耗並不等於貧窮，然而亦非福澤也。

是故相字之法，先求氣象，對着一幅字，首須令人覺得舒服，那就能稱之為端正圓靜，反之，若久視一幅字，但覺令人心浮氣躁，那就是氣象不佳，寫字的人，心理上必有偏差，那就象徵着人生的起跌無常。

令子弟習書或自己學書，亦一定要懂得分別精神氣象的好壞，若還誤認，結果就一定不佳。王亭之看電視，每見氣象以至筆畫都極差的書法，卻給人精工裝裱掛在豪華辦公室內，便不覺嘆息搖頭，很擔心社會的共業會愈來愈差，可能發生劇變。

字相改變心理之例

書法字相可以改變心理，王亭之試舉一例——明代奸相嚴嵩，起初書法相當圓淨。只是後來其人勾結太監當權，所寫的字便愈來愈粘滯，筆勢亦愈來愈反覆。

為什麼呢？他寫字時，自大的心理不期然暴露出來，因此就求雄偉穩重。可是下筆之際，患得患失的心情亦同時流露，所以筆畫便變成粘滯。

自大的背面是自卑，他雖然權傾朝野，但亦知道自己實為正直之士所不齒，所以寫起字來便筆畫反覆了。

古訣云：「筆畫反覆，心常不足」，這正是一項心理分析。

假如他真能下筆穩重，心中的患得患失自然就會減少；又假如他能因自己的筆勢改變，而意識到自己的心理已變壞，於是自行警惕，那就是修心養性了。

華國鋒當主席時，喜歡跟人題字，字體學毛澤東，可是卻欠缺毛伯伯的輕快（訣云：「筆勢輕快，諸事通泰。」），反而變成粘滯，王亭之其時便知華主席患得患失的心理很重，終於下台，成為過渡主席，蓋亦可以由字相看出來也。

葉劍英的字，恰符「筆畫似繩」的古訣，足知當時他反而心安理得，平寧之至，是故晚境便無傾跌。

字相亦重點劃形態

中國傳統的字相學，除了注重筆勢之外，還注重書法的點劃形態。這樣一來，就很全面了。

王亭之寫「口」字形，如「國」、「因」、「品」字，若非刻意，永遠都「不埋口」，亦即「口」形的左上角及左下角時有缺口。當年一位長輩即曾據此推斷——此子一生多是非口舌。真的可以說是給他說中了。這位長輩的判斷，即是根據傳統的相字術。

相字術很重視「點」形。凡點能穩重者，主經商可以致富，但卻多數是飄流異鄉之命。這缺點，現代已經變成優點，因為凡富商巨賈如今尚焉有株守一城一鄉之理。

古訣又云：「金水命的人，倘如逢寫點時必輕，則早年定遇水厄。」至於何謂金水命？那是依人的生年納音為據。如丙子年，納音即屬水，此年生人即為水命。

關於納音五行，讀者查坊間的通書即可知——每日均有干支納音，例如丙子年正月一日，通書記為「初一丙戌土心成」，此中「丙戌」是該日干支，「土」即為丙戌的納音，「心」為該日值宿「心月狐」，「成」為建除家所定之「成日」，主利謀望求名求利。我們只須找出任何一日的干支，就可以知道該干支的納音五行，如二月廿二日為「丙子水翌成」，是則知凡丙子年月日的納音皆屬水。

關於這點，王亭之亦有徵驗之例。某娛樂界名人，簽名的點甚輕，王亭之為了徵驗，請其人寫正楷字，果然點得亦甚輕，恰巧其人為金水命生人，王亭之於是問其人早年有無水厄，其人笑曰：「我嬰孩時在浴缸幾乎浸死，亭老點知？」

聽其回答，王亭之暗暗佩服古人相字術的厲害。

相字術又認為凡橫畫及直豎，都忌寫成兩頭尖，或不應尖者偏寫成尖筆。若犯，則主骨肉離散，或助力不足，重則刑剋自己。

例如「報」字，根本無尖筆，可是卻偏有人將「幸」旁底下的一豎寫成尖形，又將右旁的一豎寫尖，那就是不應尖而尖矣。

有一家已歇業的報紙，一出報，王亭之見其報頭寫成三尖之形，而且兼犯不應尖筆而寫成尖筆之病，乃期期以為不可，然而更改報頭乃大事也，既已成事實亦無可奈何。當日當事人的決定，真可謂冥冥中有數。

各位如果憑這點相字術來相娛樂界的簽名，再結合其際遇，應該會覺得這相字術有相當程度的靈驗。

然而毛澤東的字卻不妨舉以為例，他的字，正犯了不應尖而尖的毛病，一横一豎往往頭重中段輕，那亦是尖筆，是故便主骨肉分離，他的晚年，身邊可謂無一骨肉，只跟工作人員住在一塊，即其壯年中年，亦屢見骨肉離散也。是則焉能謂古人的相字術無驗耶。

若横筆及直筆，能起筆不尖，結筆亦有回鋒，那就是福壽之相——當然，這一點還須結合前述的筆勢來綜合決定，如筆勢浮蕩，那就大打折扣。

添筆吉、減筆凶

古傳相字術中有一訣甚為奇怪，認為凡書寫一字時，每多添一筆，則主其人福澤豐厚，能發意外財，能遇貴人。反之，若字少一筆，則主其人破財，或遇小人。

在這相字訣影響之下，明清兩代的仕宦，寫字時便多添筆。例如「玉」字本來只有一點，有些人卻依篆文，將之寫成左右對稱各有一點。又如「酉」字中間本只有一橫，卻將之寫成兩橫。這種情形，留意明清法帖、楹聯、碑版，即可見到。

相反的例子則為李邕（李北海）的字，他寫楷書每多減筆，是故其被人陷害屈死，亦可謂遇小人矣，各位找他的字帖來細看，即可知矣。

然而明清人的故意造作，出於有心，是故便難以作為徵驗的依據。李北海的缺筆出於自然，即可以拿來作為徵驗——可是讀者卻須注意一點，這項相字術，只宜用於相楷書，行草字多減筆，便不能依之推斷。

這項相字術還有一點補充，即添筆不可披離，如「猛」字，有將其反犬旁寫成長短共三撇者，倘如多添的一撇特別離開其他的筆畫，則不作發財遇貴推斷。

清末翁同龢為珍妃的師傅，他寫字有添筆，可是卻披離，他晚年因珍妃之故開罪慈禧太后，殆其為先兆耶？

「六神筆法」

測字到了明清之際，忽然出現了「六神」的測法。這是比附坊間「文王卦」。占文王卦的人，以青龍、白虎、朱雀、玄武、塍蛇、勾陳為六神，於是測字者乃因之而創「六神筆法」之說。

有一首歌訣道——

「蠶頭燕頷是青龍，兩筆交加朱雀凶，玄武怕他枯筆斷，勾陳回筆畏乾宮，塍蛇草筆重重帶，白虎原來坤位逢。」

這首歌訣，是說來測字的人，若寫成「六神」之形，即按六神主事來論斷：青龍主喜事、白虎主凶喪、朱雀主爭訟、勾陳主事情稽延、塍蛇主有怪異及小人作祟、玄武主盜賊。

所謂「蠶頭燕頷是青龍」，主要是看字的撇捺。凡撇捺長，寫得有頭角之象，即作「青龍筆法」斷。撇捺短，或雖長而無頭角，皆不作此論。「頭角」者，即是下筆處凝聚成形，並非尖筆而下。

毛伯伯的字，許多時候都是「青龍筆法」。王亭之初見其書，為「推陳出新」四字，寫得歪斜，可是凡撇皆長，連原來應該是短撇的筆都寫成長撇，且下筆有結聚，心知其時毛伯伯真的喜事重重，自己也不免心中高興。

可是後來他寫「你辦事，我放心」六個字時，則撇雖長而無頭角，或則寫成朱雀筆法，真可謂今非昔比。

至於「朱雀筆法」，則為撇短而成尖啄之形，或則兩筆交加。前面說過，記憶中他書「你辦事，我放心」六字有朱雀筆法，即是「你」字的「人」旁，「放」字的「方」旁，無端端都寫成交叉筆，此即朱雀也。朱雀主官司爭訟，毛伯伯當然沒有人會跟他打官司，但顯然他於「四人幫」末期，則實處於爭訟狀態。更何況古人認為朱雀主「令人家內不安和」耶。毛伯伯跟江娘娘不和，已非機密。

毛伯伯寫的六個字，以「我」字為重，恰恰「我」字卻是所謂「螣蛇筆形」。蓋「螣蛇」

之筆長而曲，兼且其勢如竹，此主驚憂、喧事。毛伯伯後期的情形似之矣。

那時候，王亭之真的十分佩服相字之術，認為古人真不可欺，更想起一九五〇年，初見「推陳出新」四字時的喜悅，於是感慨三十年為一代，三十年轉變之速，任何人都不能逃過盛衰的交替。

華主席學毛伯伯，卻偏偏筆下多「勾陳」形態。勾陳是在字的右下角有回筆，蓋右下角即所謂「乾宮」，而「勾陳回筆畏乾宮」也。此外，字形多斜月彎鈎，亦屬勾陳，主事情留連，醞釀變化。

此所以當日王亭之一見華主席的題字，便對人說，華國鋒不是真命天子。

六神筆法，由分析毛華兩主席的字相，已經談過四種，餘下「白虎」、「玄武」二種，雖實例難舉，亦姑且一談。

「白虎筆形」是將字形寫成口濶、尾尖。譬如寫「兒」字，如果寫成頭濶尾尖，或者將最後一筆拖長拖尖，那就成白虎之形。

凡字帶白虎者，主疾病、死亡、破財之事。假如在字的右上角有「白虎尾」，那就意味着事情更加嚴重。右上角即所謂坤宮，寫字若寫到白虎尾拖延至右上角即是。

至於「玄武筆形」，則指字有小回彎，如「玄」字，又或者方形的字寫成帶尾，尤有忌者，則為尾斷墨枯，斯則為至凶矣。

凡字帶玄武，主遭盜賊，又主遭小人暗算，或主失物難尋等等。

古人訂定「六神筆法」，除了可以拿來測字之外，其實還可以用來相字。

假如有人寫出來的字帶何種「六神」形態，即可據此為斷，看其人的際遇。

王亭之的字，多回環彎筆，即犯玄武，因此一生失物纍纍，兼且易招謠謗，只是這種筆法真的無法改變，可謂明知故犯。然而由此亦可以說，倘如將傳統的測字術加以整理，再結合西洋相字，是則未始不可以研究出一門學問來也。

《測字秘牒》的「對關」拆字法

清代有一位術士，名程省，他編了一本《測字秘牒》，不但總結了自宋代以來的相字術，同時還有所創造，這位程省，真可以稱為測字的一代宗師。

在《測字秘牒》中，程省提出了「離合」的原則來測字，稱之「對關」。

他的方法，是將一個字分解成兩部分，甚至三部分來測。下面的例子即可說明他的方法，玄妙之處何在。

有人寫一「茆」字來求測婚姻，這是「茅」字的古體。程省測道：「婚姻可成，但女子卻出身妓女。」來測字的人驚訝道：「我相交此妓女有年，她願意從良，是故來占，先生真可謂神算了，然而你是憑什麼測出來的？」

程省道：「茆字，是殘花敗柳，那不是妓女是什麼？」——這就是將字拆成「花」字頭、

「柳」字腳，故稱之為殘花敗柳。

來人又問：「姻緣可成我是知道的，只是還想請教，這段姻緣到底好不好？」程省道：「茆字在下邊，恰恰是節字的右下邊，即是說，這妓女最終可以守節，所以這可算是一段好姻緣。」來人大喜而退。

通過這個例子，即可知「對關」是什麼一回事。而自程省提倡以來，測字便由相字終於變成「拆字」了。

這門方法，根本不理會六書部首。這就跟唐宋以來的方法不同。

王亭之試舉一例，考考讀者，例如「伯」字、「彥」字，你怎樣去拆？

倘如根據六書，「伯」字是從「人」部，從「白」得聲；「彥」字則有「美」的意思，古人叫美士為彥。古代測字，除了五行、六神之外，一定根據這些法則來測。

可是若用「對關」法，則「伯」字可以拆為「伸頭縮腳」，因為「人」是「伸」字的起筆部分，「白」則為「縮」字的收筆部分。當然我們可以駁道，整個「伯」字都可以看成個「縮」字的腳，何必一定要拆為「伸頭」呢？但「對關」法卻偏偏要這樣拆。

至於「彥」字，則拆為「龍頭彪尾」。於是成為大吉大利的一個字。

有士子測考試，只寫一點。測字先生說：「恭喜可考一等。」士子問：「點為文章之首，那是否一等第一名？」測字先生搖頭，叫他發榜後才來問。

未幾榜發，那士子考取一等末名。他立即去找那測字先生請教。測字先生說：「你只知道點是文章之首，卻不知道點也同時是等字之末。」——這就是「對關」之玄妙了。

明代末年，崇禎聞李自成的軍隊即將逼近京師，徬徨無計，便叫太監王承恩去測字。王承恩去找到一位名家，隨口報一個「友」字。

測字者曰：「反賊已經出頭，其勢不可禦矣。」——這測字法，即是「對關」法的變通，因為他並未將「友」字拆為什麼頭、什麼尾之類。但卻視之為「反字出頭」。是故屬於變通之法。假如用「對關」法的正規，當然亦可拆為「有頭沒尾」。

且說，王承恩見所測不吉，便改口道，我不是說「朋友」的「友」，是說「有無」的「有」。測字者聞言，拍案道：「你這一改更壞，有字是大明已去其半！」——「大」字及「明」字各去一半，便合成「有」字。前者要頭，後者要尾，所以這拆字亦屬於「對關」。

那王承恩見所測更加不祥，又改口道：「如果是酉時的酉，那又如何？」那測字先生當場面色慘然，說道：「那是至尊去其頭腳，不祥更甚。」

這個測字的故事，流傳甚廣，可能是出於偽託與附會，但偽造這故事的人，亦必是清初的測字高手，因為「對關法」的出現，起自明末，盛行於清初，所以便有了附會的根據。

然而由此故事，亦可以知道「對關」的變通，是怎樣的一回事。

同字不同測的故事

「對關」測字亦有附會之處，發展到後期可謂愈甚，術者可以任意離合字體，也即是任意自行變遍。據術者云，這最緊要是臨時觸機，也即是憑自己的第六感覺去決定。

有人測「葵」字問考試，術者曰：「不恭喜，葵字是落頭失尾，中間又不成發，你考試定然名落孫山。」

問者改口，說是「携」字。術者搖頭曰：「携字的左邊，是欠夫不成扶，主欠人扶助。右旁是進不成進，秀不成秀，既非進士，亦非秀才，如何能夠考試中式！」

這求測字的人是位名人，一向有文名，心中不服，於是另找一測字先生去測，同樣寫個「葵」字。術者說：「恭喜，閣下必然中式。」那名士問他何故，術者說：「葵字是以一對旗桿夾為頭，以一個旗牌腳為尾，中間有為發首，所以閣下定必高中，然後才有旗桿旗牌，定然中一甲無疑。」

名士說：「如果我測携字呢？」術者又恭喜道：「一子携進頭秀尾，定然由秀才連中，直至進士。」

後來這名士果然鄉試得利，中式舉人，會試成進士，可是卻考不上翰林。

但由進士放官知縣，亦有旗桿旗牌之榮。

測字講觸機，此即為一例。

有關雍正的兩個測字故事

傳說雍正時，派年羹堯出兵征討青海蒙古，其時年羹堯貴為大將軍，統領健銳營，而雍正則剛坐上皇座，兼且與兄弟不和，將兄弟紛紛充軍治罪，正需要軍隊擁護自己，所以對年羹堯甚為依賴，而年大將軍因此而驕橫，王公大臣無不對之側目。

年羹堯出兵前，一時高興，以「盪」字叫一門下客測。那門下客說：「將軍此去，定必馬到功成，以湯滌血，自然去盡群醜。」年羹堯聽見，十分高興。

這門下客卻乘機向他辭行，說家中老母患病，要回鄉省親，年羹堯立即贈以白銀千兩，以壯行色。

後來年羹堯果然戰勝，留守西康。過兩年，雍正把他召回京師，尋些事故將他貶官；一夜連下九道聖旨，將他由大將軍貶至守城門。

京師的老百姓見到年大將軍按劍坐在城門口，都不敢出城。過兩天，雍正索性殺了年羹堯，且滿門抄斬。

這時，那測字的門下客才對人說，年大將軍將「盪」字寫成「水易皿」，而「皿」字為「血」象，由水變成血，十分不祥，故知他此行的結局必不得善終，所以急急詐稱母病告辭。

由這故事可見，同一個字，術者每每可以這樣解那樣解，是即謂觸機也。

還有一個測字的故事，跟雍正亦有關。

雍正登位，傳說是靠當時的江湖人物幫忙，由大俠甘鳳池跟白泰官潛入皇宮，將康熙預定的遺詔盜出。遺詔本來說「傳位十四子」，當時的著名文士呂留良看過詔書，立刻提筆改之為「傳位于四子」，雍正排行第四，由是即能承繼大寶。而甘鳳池白泰官兩人，盜詔還詔，兩度潛入皇宮，自然功勞很大。

他們為什麼肯幫雍正的忙呢？因為雍正答應他們，自己能登上天子位，一定下詔恢復漢家衣冠，那時的人將衣冠看得很重要，許多人便是因為不肯梳辮穿滿裝，寧願自殺，是故呂留良他們便答應幫忙了。

到雍正登位後，甘鳳池寫一個「望」字找了空和尚測字，了空道：「糟了，你們快點躲藏起來。」甘鳳池問故，了空道：「望字頭似功字，只是多了三點，那是小人進讒，功不成功。再說，望字還有功高蓋主之象，雍正一定不會感激你們，而且還會加害，所以你們從此遁迹江湖避禍為上。」

甘鳳池他們果然聽從了空的說話，而呂留良亦躲回鄉下。後來雍正拿不到甘鳳池一夥人，只捉到呂留良，居然狠心到將他腰斬。呂留良有一個孫女，江湖人稱呂四娘，後來她殺了雍正報仇，則是後話。

程省測字的故事

清人程省精研測字，相傳他有很多傑作。

某大戶人家有一僕婦，早晨出門購物，至午間仍未回來。程省跟這戶人家的帳房相熟，恰恰來找帳房閑坐，談起僕婦失踪，程省便自動請纓，用測字來占算。

那帳房先生隨手揭開帳簿，又隨手一指，指着「叁拾」二字的中間，帳房一看不對，怎能用兩個字來測呢。程省卻說不妨事，就用「叁拾」來測好了。這個僕婦已經逃走，應該立刻去追。

帳房先生問他理由，程省笑笑說：「叁拾」是大寫的三十，「大三十」即是一個「奔」字，那不是逃是什麼。

帳房先生聽說，又隨手一指，請程省測僕婦往什麼地方逃走。程省一看，手指正指着「陸拾」二字，便說，她往太平鎮走，你立刻派人去找她。

帳房這回卻不暇問故了，立即吩咐下人去太平鎮找人，過了兩個時辰，果然將僕婦找回來。

帳房先生很高興，馬上置酒向程省道謝。酒次，未免動問起理由，程省說道：「陸拾是大六十。大六十合起來便是太平二字，所以測她向太平鎮逃走。」

這個故事，顯示出程省離合字形的功力，若普通人，一定不懂這樣離合。

有一個跟王姓人家打官司，他想求和，王姓卻不答允，此人十分擔心，便寫一「元」字向程省求測。程省道：「那姓王的人合該倒霉，敬酒不飲飲罰酒，你跟他去見官，審一堂官事就完結，而且必然是你勝訴。」

其人問故。程省說：「元」加一頂「官帽」就變成「完」，所以官司一定要見官方得完結。「元」加「王」則為「玩」，主王姓人家玩法，是故非輸不可。

後來兩家果然對簿公堂，官判王姓人家敗訴。那測字的人買酒來謝程省，順便又用「酒」字請測，看會不會受到報復。程省說，包保你平安，對方已經心怯了，你是拿着樽酒，邊斟邊叫我測「酒」字，「尊」字是「酉」字加頭腳，所加頭腳卻有「不成方寸」之象，合起「樽」「酒」的意思，便是「水木不成方寸」，證明對方心意已亂，應該再也不敢生事了。

果然對方揚言上控，結果還是不了了之。

這個故事的測字方式，有點複雜，可是程省測字的特點，卻恰恰是在複雜中觸機，因而才往往有神來之筆。

不過程省也有些很簡單的測字法。

有一鄉村姑娘寫一「弓」字，請程省測姻緣。程省說：「弓加兩條辮就是弗，你這段姻緣一定不成。」姑娘問：「為什麼要加兩條辮呢？」程省笑道：「你不是梳着兩條辮麼？」

那鄉村姑娘的嫂嫂在旁邊聽見，很不忿氣，說道：「我也用弓字來問婚姻，我嫁的丈夫好不好？」程省道：「糟糕，你是有心來問，弗字加心便是怫，你兩夫婦一定常吵架。」

嫂嫂說：「我沒有梳辮，為什麼弓字要加兩條辮？」

程省答道：你是接着她的測字來測，而且你報弓字時，姑娘的兩條辮正在擺。你說，到底你們夫婦是不是時常吵架？」

那嫂嫂還沒有答，姑娘已經點頭。於是，又再寫一個「田」字，問姻緣到底什麼時候到來。程省說：「一個月就另有姻緣，到時一定有人來問媒，可以成功了。」

姑嫂兩人問他其理何在，程省說：「田字加兩條辮是用字，用字拆起來正是一月，不過『一』字直寫，正好像你們鄉下人記數，所以我測一個月就有姻緣。」

姑娘用手盤起兩條辮，寫一個「目」字，開這段姻緣好不好。程省笑道：「你盤起辮，目字便成眉字，張敞畫眉，恩愛得很。」

「假借法」測字

測字法中，還有一種稱為「假借法」，其假借的對象，可以及於萬事萬物以至旁人的語言舉動等等。

例如有人寫「立」字來測，倘如恰恰有人挑水經過（在現代，可能是抬蒸餾水經過），那麼，測字者便可以假借「水」而作「泣」字測，那就自然不是好事。

但假如測字時只有旁人閑立，那麼，借「人」而成「位」，此即是有功名地位——有人過圖麟都，找王亭之閑談，談及某人是否可成「籌委」，當時此人乃隨手寫一「立」字，恰巧此時又有人過來跟他打招呼，站在他身旁，王亭之便以「位」來測，斷那某人一定可成為「籌委」無疑。測字時是在王亭之的素食館，是故王亭之還開玩笑說：「某公必為素餐之士。」相與大笑作罷。

及名單公佈，此某公果赫然在榜上焉。尸位素餐，可謂必然。

清人有測「立」字者，因來測的人，由鄉下趕入城市，於是借「里」字作「童」字測。其人問六甲，是故斷為生子。這又是假借法的一例。

至於王亭之測「位」字，則無非是抄清代著名術士胡宏的舊文章。胡宏當時以假借測字法聞名於世。

胡宏測字的故事

一人寫「串」字問胡宏，功名如何？此人其時還只是個秀才，胡宏斷曰：「閣下將來一定兩榜出身。」

在清代，秀才參加省試，中式即為舉人；然後參加京試，中式即為進士。是即稱為兩榜。中式進士的人參加殿試，如又中式，即可以入翰林，那又比兩榜出身的人名貴，稱為「三考出身」也矣。

胡宏的推斷，是因為「串」字為「雙中」之象，是故斷為兩榜中式。

那時旁邊有一秀才，見胡宏如是推斷，便也寫個「串」字來問前程，胡宏見字笑道：「閣下定然屢考不中，以老秀才終其身。」秀才不服問他為什麼這樣推斷，胡宏答道：「他無心寫串，所以雙中，閣下卻是有心寫串，那即是有心為患，是故前程大為不利。」

另一個秀才見到，便特意寫一個「中」字教胡宏去測，說道：「若說無心，便是中，若說有心，即是忠，且看你怎樣測。」

胡宏聞言，拱手笑道：「閣下在試場恐有驚憂，還是不參加考試為妙。」秀才不服問故，胡宏說：「你只知中字加橫心是忠，卻不知中字加直心為忡。只怕閣下因參試受驚，從此得怔忡之疾。」

後來果盡如所斷。

有人問父病，寫「瓜」字求測。胡宏道：「子問父病，瓜加子即是孤，你的父親恐怕難逃劫數了。」

這是一個假借測字法的特例，因為所加的字，是用來測字者的身份，而不及旁邊的事物，是即所謂觸機。如何觸機，正是測字秘訣之所在，而術者卻必須心意集中，然後才能觸機有準，倘心意分散，或胸中先存有一大堆前人測字的成例，那麼觸機時就易撞板。

王亭之見過一個人刻意表演測字，於是有人戲書一「采」字求教，問可否中六合彩？這自然是開玩笑，演嘢者煞有介事，測道：「你是有心來測采字，采有心便成悉……」說到這裏便窒住了，因為學會了「有心加心」，可是卻非觸機而來，那就只是硬加。既然硬加，那就無法推斷下去。

王亭之忍不住口道：「你不如說他采字不成彩，是故難中六合彩。」

誰知這樣一插口，便惹是非了，據說此人從此便恨王亭之，一聞其名，立刻就嗤之以鼻，然而又說不出王亭之到底有何不是。王亭之惟有後悔自己太過多嘴。

但由這個事例卻亦可知，觸機實在甚難，真的有如靈光一閃，拿着第一個念頭作為「機」，稍有作意，即然非是。

范時行測字的故事

乾隆時，測字最有名的人是范時行。他所擅長的是憑字義來測字。

曾有一人去測，寫個「棋」字，問終身。

范時行說──棋是象棋，碁才是圍棋。兩種棋的性質不同。下圍棋，愈下子愈多，可是下象棋呢，愈下子愈少，所以你的家宅運一定不佳，人口日益凋零。

來測者點頭，說自己童年時一家十幾口人，如今則只剩下五七丁了。

范時行問道：你是不是當兵？因為瞧你的衣服，像是行伍中人。來測者點頭說是。范時行便道──象棋中，卒可以過河，而且惟有過河之後才能發揮他的力量，而且較難給人吃掉，所以你一定要離鄉背井來發展。

來測字的人說，自己已經離鄉了。

范時行道，象棋中能過河的子，以車最為威猛，炮則主突發，馬行十分規矩，惟有卒子過河，每次只能行一步，限制十分大，所以雖已離鄉，恐怕亦難得大志，突發固不可求，即使循規蹈矩亦難得意，只能見步行步，慢慢先求生存，然後才徐圖後計。終其一生是難得大志的了。

這種測字真的可稱為測字而非拆字，它是憑字義及其性質來推斷，且能說出道理，是可稱為測字的正宗。

有人寫「解」字求范時行測。

范時行見來人穿着差人的衣裝，問之，原來是鄰府的解差，路過本境，問此行的吉凶。

范時行問他所解為何人何物，解差不肯說。范時行便微笑道：「解，一般當成是解散之意，譬如說訟事和解，病災消解，都是這個意思。惟有押解犯人，解送珍貴的解，卻偏偏不是解散，相反還要將他深藏重押。閣下既是解差，那就是深藏重押了。」

那差人聞言，點點頭，問道：「我只想請教此行吉凶如何？」

范時行卻道：「別急。深藏重押的人，寫個解字，莫非此行有賣放之意，你老實告訴我，是不是想徇私賣放？」

差人聞言面青，囁嚅問道：「那又吉凶如何？」

范時行悄聲道：「你由此處路過，想必是往西南雲貴邊地去。」

差人點頭。范時行續道：「《周易・解卦》，利西南，而且說來復吉，所以你不必賣放，解到西南，必有旨意將犯人赦免，你解的到底是何人？你不妨老實說。」

差人也悄聲答道：「是紀曉嵐紀大人，他的門生想讓他在兩湖住下，叫我報病。」

後來紀曉嵐果蒙恩詔召返。至於以後又謫官欒陽，卻是另一回事。

有人寫「史」字問范時行，所問為官司。

范時行說：「史必須信，不信則史官失職。因此打官司時必須如實告訴，不可歪曲事實，倘存心歪曲，定主官司失利。」

那人恰好是想誣告寡嫂與人通奸，企圖奪產。本來已買通地保鄰證，聽范時行一說，心中打個突，便再寫個「吏」字，問范時行，如果行賄縣官那又如何？

范時行拍案道：「令人心從於一，心從於史者，然後才得稱為吏。若想行賄，萬萬不可。」

那人因為已經上告，無法收手，雖然聽見范時行勸他不可誣告，也只好硬着頭皮上堂。他不敢行賄縣官，便只好行賄刑名師爺，因為縣官斷案往往聽刑名師爺的主意。

到開審那天，一開堂，刑名師爺便將贓銀五十兩呈堂。這樣一來，官司便不必審了，縣官立刻拔籤，打原告三十大板。你道那刑名師爺為何如此公正？原來當日的師爺每逢新官上任，為了表白自己，每每便將必輸的官司贓銀呈堂。這宗官司，分明是捕風捉影，既無奸夫，又無憑證，縣官精明，一審便知是誣告，所以那師爺便樂得做好人，保存孤寡。

范時行當日便是憑這次測字成名，居然由小地面行道至京師，後來且在京師得意，連王公大臣都要向他請教。

相字之形二例

王亭之再舉一點相字的原則。

先舉王亭之自己，前已說過，王亭之寫「口」形照例不埋口，「口」形屬金，是為「庚金有損」，是故跟兒子便情分較薄。事實上亦如是，王亭之跟犬子永頤於今已分離十二年，每年不一定相見，即見亦不過三數日。

還有一點最奇怪的事。在香港時，韋基舜及秀官等一輩食家，每喜邀王亭之作局，每作局例必說「帶埋個女來」，從來沒叫王亭之帶埋個仔。所以樨樨好食神，飽參翅肚，八大八小，以及一應精緻的筵席都享受過，反而犬子永頤則可謂只吃粗茶淡飯。

王亭之寫兩撇（例如「行」字），照例距離甚近，是為「離體有損」。

離卦為火，主功名，因此王亭之初來香港時，想教小學都未合資格。去教育司考「暫准教師」之類，考試無非只是寫一篇五百字的文章，可是考試時卻激到王亭之眼火爆。同考者有一女孩，由牧師陪同去考，監試的教育官關懷備至，見到寫別字便立刻出聲提示。可是一回到王亭之身邊，便當堂擺款，敲桌子道：「你千祈咪寫簡體字，你地大陸來的人！」由此王亭之「功名」緣分薄，薄到想謀一教職都沒資格。

後舉毛澤東的字，來作相字的例。

他的字，「口」形亦照例不埋，所以他子緣不但薄，而且可謂「其無後乎」。毛澤東本人對此非常在意，曾經當眾大發牢騷，說道：「始作俑者其無後乎，我始作俑，我無後！」那時的文革初期，人人都心驚膽顫。

然而毛澤東卻擅長寫撇，撇為火體，所以為炎炎火勢，難怪他可以位居元首，連死後都依然能為人敬畏。國內司機甚至要在車上掛毛章來保平安。

毛澤東的字，主要特點為堅瘦有力，所以基本形格屬於木體，木能發火之榮，那就更加助長他的地位。

然而「金少火多，兩窟三窩」，是故毛的一生未能長住有氣派的豪華大宅，貴為主席，一國元首，連有氣派的辦公室都沒有（有也只是擺樣）。

光是這樣憑古人傳下來的口訣來相毛澤東的字，已經令人嘆為觀止，不能不服前人那套「八卦五行」的道理。

若論性格，毛澤東其實頗有惻隱之心，所以他並未殺一功臣，權力鬥爭的失敗者亦能保存性命。文革時，功臣受折磨而死，應該是四人幫之過，並非他的主意。他最大的毛病在於性急，所以字多轉折之筆。

總結相字的發展

由以上所述，可知道測字是由「相字」發展而來。其後則演變成為「拆字」。宋代是相字最發達的時代，清代則是拆字最發達的時代。元明兩代則是承先啟後的時期。

善於相字的術士，都出於南宋。如朱安國、張九萬、張德元。善於拆字的術士都出於清代，如清初的程省，以及范時行。至於元明兩代，則以明末清初的何中立為一代宗師，至明末的鄭仰田則已具拆字的規模。

王亭之喜歡相字而不喜歡拆字，因為相字的功能不在於問一事的吉凶，由此且可看出寫字的人的性格，結合社會現象，則可以占測其前途。

在童年時，有一位長輩惋惜王亭之生不逢時，他說，如今的時代喜歡破舊立新，而此子的性格則偏喜舊，是故不合時宜。

所以王亭之於得中州學派傳授之後，並不立即原裝拿出來炫耀，經過十年醞釀，對每組星系都賦予現代意義之後才拿出來傳授，即是糾正自己的缺點，走破舊立新的路。但王亭之自知不擅長交際，所以便不肯作術士求財，寧可將斗數與玄空的訣法公開。

至於拆字，只不過是憑一時的聰明來觸機而已。術者未必時時精神集中，因此所觸之機便有或然性。

詳夢篇

詳夢亦用測字

至於測字，至少其中有一個源頭是跟詳夢有關，因此王亭之便將話題拉到詳夢上去。

三國時的丁固，夢見肚皮上長一株松樹，給他詳夢的術士說：「松為十八公，恭喜恭喜。十八年後可位至三公。」

後來果然應驗，所以弄到後來做官的人都喜歡畫一幅松樹來飾壁。

也是三國時，魏延夢見頭上生角，阿諛奉承的人恭喜他「頭角崢嶸」，惟有趙直私下對人說：「此不祥之兆。角為用刀，刀下用而居頭上，其凶甚矣。」

當時諸葛孔明已死，趙雲黃忠都老，蜀中大將唯一魏延，於是魏延愈來愈跋扈，最後還想作反，然而卻為馬超的弟弟馬岱所殺，果然應了「刀下用於頭上」的凶夢。

——相傳諸葛亮死前曾遺錦囊給馬岱，上書六字云：「魏延反，馬岱斬。」然而這恐怕亦是稗官野史之言而已。

由這兩個故事卻可知道，詳夢實在也用到「測字」。這種詳夢術當然亦可視為「測字」的先河。

紹如公的一個夢

先父紹如公生平亦有一夢，影響他一生甚大。當抗日戰爭時，王亭之有一個堂叔做財政廳秘書，跟陳璧君的弟弟陳耀祖是老朋友，後來陳耀祖當上偽廣東省長，他當然變成紅人。陳耀祖喜歡玩古玉，紹如公也玩古玉，大家也算相識，因此當陳耀祖組織政府時，便想羅致紹如公，地方法院和衛生局，兩處任選其一。那位堂叔亦極力慫恿。

當時有一個說法，蔣介石跟汪精衛其實是「扯貓尾」，推汪精衛出來組織南京政府，避免老百姓直接受日本人統治。因此參加汪政權的便不算漢奸。那堂叔當時便是據此作一番說詞，游說紹如公參加陳耀祖的政府。

紹如公委決不下，便向家中供奉的大仙爺狐仙祈禱。是夜果得一夢，夢見自己走去找人占卜，而占卜者竟是個泥塑的人。

翌日，紹如公為此夢躊躇了半日，遍翻詳夢的書，都不知道吉凶。王亭之那時年紀尚幼，不知如何竟福至心靈，對紹如公說：「泥塑的人占卜，那就是土卜人，即是個走字。」

紹如公聞言，恍然大悟，其時本來已避難到澳門，只偶然回廣州老家住，同時收點租來過活。一聞王亭之此言，他便立刻携王亭之搭船回澳門客寓，以後也再不敢上廣州了，直至陳耀祖給人槍殺為止。

黃帝的兩個夢

國人占夢來源甚早，在周代，便已專設「占夢」一官，「占六夢之吉凶」。所謂六夢，是正夢、噩夢、思夢、寤夢、喜夢、懼夢。居然能將夢分為六種，而且還懂得將因思成夢這一潛意識因素算在內，足見周代的人對夢甚有研究。

那時的人，相信夢是靈魂游出體外時所見的境界，是故對這境界便十分重視。他們更認為，靈魂一旦脫離了軀殼，就可以跟神鬼對話，跟祖先溝通，因此夢中所見的境界便是神鬼祖先給自己的預兆，既兆吉、也兆凶。

最早的占夢傳說託名黃帝。傳說黃帝夜得一夢，見大風吹天下之塵垢皆去，又夢見有人持千鈞之弩驅羊萬群。黃帝於是自己詳道：「風去垢，垢無土即是后，莫非有人名為風后，堪為我的臣佐。」又詳道：「持千鈞之弩是為有力，能驅羊萬群是為善牧，莫非有人名為力牧，可以佐我。」

後來，他果然遇到風后與力牧，立刻聘為臣子，二人亦果成為一代賢臣。

這個傳說未必可靠，極可能是後代人企圖將占夢這門術數的地位提高，因而便虛構此故事。不過由其虛構，卻亦可見占夢與測字的淵源，「垢去土而為后」，已經開測字術的先河。

占夢之術與道家思想關係

占夢之術其實跟道家思想亦很有關係。

道家思想受時間的觀念影響甚深，因為對人類最大的縛束，便是時間。是時間限住了人的壽命，是時間限住了人一日的作息，是時間限住了人的發展，所以道家用求長生來作為對付時間的手段。

求長生亦不是求永遠不死，只是求死後靈魂的自在。能自在的靈魂，便即是所謂仙人。因此古代稱為成仙的人，都非肉身成仙，而是要經過「屍解」，屍解也者便即是肉身死而靈魂得自在，其靈魂往來於天地之間，或托形或不托形，是之名為天仙或地仙。

未成仙的人，只有在夢境中才能突破時間，能去到未來，見到未來的境界。這境界有時很真實，例如《牡丹亭》「驚夢」一折，便是在夢中見到未來的意中人；但許多時候，這境界卻只是現實的變形，斯即謂之為預兆。古人相信，絕大部分的夢境都是未來境物的變形，而非境界先現。但縱然如此，夢魂到底已經去到未來了。

難怪先秦時的人已經相信占夢，文化發展到漢代，《漢書・藝文志》卻依然說：「眾占非一，而夢為大。」占夢之術並沒有給五行陰陽之說淘汰，仍然受到重視，一如茹毛飲血的時代。

殷王重視卜夢

最早的占夢紀錄，是在殷墟出土的甲骨卜辭。有一則說：「壬午卜。王曰貞，又夢。」那就是於壬午日為王卜夢吉凶的紀錄。

但由此卻可以說明，在殷商時代的占夢，並非根據夢境來占，而是用當時視為正宗的卜法來卜。由殷墟卜辭研究且可知道，殷代的王很重視卜夢。

卜辭中述及的夢境，有見到已死的先祖先妣，有見到現存的妻妾官吏，有夢見自己田獵，有夢見自己在祭祀，有夢見自己遇雨，有夢見野獸等等，真的可以說是幾乎無夢不占。最奇妙的故事，是殷武丁夢見上帝賜給他以良臣，後來便根據夢象找到了傳說，傳說亦果然成為歷史上有名的賢人。

武丁的故事，可以說夢並非預兆而是信息的傳達。上帝將信息給他，在怎麼樣的地方就可以找到一位好臣子。殷人當時以為，那是因為武丁有德行，然後才會感動上帝下達這麼一個信息。一般人很難感動上帝，因此便惟有靠感動祖先。

這種信仰，時至今日文明社會依然存在，五六十年代的女人祭祖先求夢買字花，七八十年代則無論男女都有人求夢買六合彩。

即是說，由殷商至今三千餘年，人依然認為夢魂可以收到神秘的信息以知未來。足見人類有些思想，非科學文明可以動搖。

周人多發政治夢

周人重視占夢一如殷人。凡有大事，都憑占夢、占龜和占易三者來決定。藉太卜之官，由太卜掌「三夢之法」、「三兆之法」、「三易之法」，用以觀國家的吉凶。

文獻說，周文王曾夢見「日月着其身」，占夢大吉，認為是「受命於天」的預兆。一直傳到如今的通書，其中所附的《周公詳夢吉凶書》，還有「日月照身得重位」的說法，蓋不敢說「受命於天」，便只好說為「得重位」。

文獻又記載，周武王的母親太姒夢見商王的庭間生荊棘，周武王卻取周庭的梓樹，植於商庭荊棘之間，旋即化為松柏等樹。

太姒夢醒以告文王，文王立刻跟太子發（周武王）祭天於明堂，認為是代商而有天下的先兆。這一回，連占夢之官都不勞駕了。

此外，文獻還說姜太公呂望釣於蟠溪，夜夢「北斗輔星」告訴他要征伐紂王。這即是說，姜太公便已有「輔星」之兆。是故後來他遇見文王，君臣二人一說便合，蓋呂望早已籌劃着伐紂的大計，一如孔明在草廬已籌劃着「三分天下」。

周人重視占夢比殷人有過之無不及，而相傳文王的兒子周公旦亦擅長占夢，所以後人便稱之為「夢周公」。

這口語，至今還在廣府話中保存下來。

不過對於周文王周武王的夢，以至周公旦的詳夢，後代研究者卻認為是「政治夢」。發什麼夢，只有發夢的人自己知道，他們說，太姒夢見「商庭生荊棘」，任何人聽見都會認為是紂王無道，商朝氣數將盡，商朝小人當道等一系列徵兆。

然而即使不信實亦無可根查，總不能說太姒未曾作過這樣的夢，也不能證明太姒的夢境並非如此。

所以周文王夢見「日月着身」，夢見姜太公，無非都是政治夢。例如姜太公，周文王欲委之以重任，但又恐宗親舊臣不服，因此就輕輕用一個夢來解決。

武王伐紂，一出兵就遇上大風雨，大風吹折中軍帥旗，眾軍將大驚失色，連武王都想退軍。那時姜太公卻堅持出發，說道：「旗折是紂王打敗仗的先兆。」結果於孟津一戰，以寡敵眾，大勝商兵，紂王自殺，由是奠定了周朝八百年江山。你說，姜太公若非身居要職，他怎有資格在此關頭作出決定。

蓋若當時周師回兵，紂王便會乘機率各路諸侯的軍馬聯手伐周，屆時歷史便可能改寫。

所以我們只能說，周人承繼殷人重視夢兆的傳統，加以政治手段的運用，於是乎由上至下便無不說夢詳夢，以至今日我們睡覺作夢都還說「去見周公」。

唐代的一宗奇夢

然而歷史上卻有一些故事，說明夢境可以成真，例如最著名的一件，即是崔圓的故事。

崔圓是唐明皇時代的人，因家破，入京師依靠表親李彥先。李當時是楊國忠的親信，官至刑部尚書。他若想提拔崔圓，實可謂不費吹灰之力，然而他卻瞧崔圓不起，只讓他在家中吃一口閑飯，弄到連家人都只將崔圓看成是一門窮親戚，對他毫不尊重。

忽一夜，李彥先夢見自己身被枷鎖，在成群囚犯當中，給解到自己的刑部大堂。堂上的差吏一一呼名，據案而坐的紫衣人判曰：「准法！」刑吏便將囚徒一一拉出去處斬。李彥先望一望，堂上的紫衣人正是崔圓，便躍出哀叫，崔圓於是點頭道：「李彥先且先行收禁，再作定奪。」差吏便拉他走，如是一驚夢醒，醒來通身冷汗。

經過此夢，李彥先便從此厚待崔圓，散朝回來也拉他閑話家常，宴請賓客時也邀他陪席。

家人輩見主人對崔圓客氣，自然也態度大變，時時走來奉承。

過幾個月，李彥先將崔圓薦給楊國忠，從此崔圓登上仕版。後來安祿山作反，李彥先歸附安祿山，依舊做刑部尚書，崔圓卻隨唐明皇出走，並且得到太子的賞識，太子登位，他即官至中書令，即是拜相了。

安祿山敗亡之後，凡依附他的偽官都被捕，一一定以死罪，押到刑部。由中書令覆核。李彥先當時身被枷鎖，跟成群死囚處身一起，不禁便想起當年的夢境。他再看看堂上據案而坐的人，正是崔圓，身穿紫衣，亦恰符當日所夢。接着，堂前吏一一點名，說其罪狀，崔圓待吏人說罷，即擲籤喝道：「准法！」官吏便將犯人押解刑場候斬。這亦正是當年之所夢。

李彥先於是急急跳躍而出，向崔圓哀叫道：「相公豈不憶當年！」崔圓才醒覺犯人中有一名李彥先，於是又擲籤道：「李彥先且先行收禁。」

那李彥先入到監房，逃出了死門關，也真的驚出一身冷汗，暗自詫異道，當年夢境今日卻成真事，只不知後事如何，因為當年的夢發到這田地就醒了。

幸虧崔圓念舊，將李彥先收禁之後，老老實實上表朝廷，說若無李彥先臣即無今日，故願替他贖罪。朝廷下旨准免李彥先一死，但流放於嶺外。由是當日歸附安祿山的大臣，僅李彥先得以倖免。

這一件夢境成真的故事，在唐代宣傳甚廣，所涉的歷史亦真實，看起來，不像是稗官野史之言。

西藏人占夢

為什麼夢境預言未來，竟會這般真實呢？照佛家的說法，是業力種子已因緣成熟，果報已具，所欠的只是時候未到，因此在夢境中便會先期出現未來的情事。

因此西藏密宗的修行人也十分重視夢境。如夢見遍地鮮花，那就是吉兆，若夢見花殘，便可能是死徵。

西藏曾接受過唐代文化的薰陶，因此他們的詳夢，實在保存着唐人的觀點，只不過再加上西藏的風俗與信仰。所以如果詳細研究西藏人的詳夢，便可以看出，我國唐代人詳夢的法則。

西藏人有些詳夢法則，居然跟今日《通書》所附的《周公解夢吉凶書》相同。例如西藏人相信，夢見家中的鍋崩破，便是死人的先兆，而《解夢書》亦曰：「灶釜破敗有死亡」。西藏人相信夢見風吹入衣，通體生寒，即是重病的徵兆，而《解夢書》則曰：「風吹入衣主疾病」。

凡此種種，都可能是漢藏文化的溝通。

「風吹入衣」之類的夢，也可以說是「直夢」，夢見什麼就預言什麼，絲毫不必加以解釋。因為西藏地寒，一旦患上感冒，往往很難痊癒，甚至會發展成為肺炎而死亡。所以「風吹入衣」其實即是身體半夜發寒，這即是已生病的徵兆。唐代人集居於西北高原，亦易傷寒，由此即可見此詳夢的底蘊。

西藏人的夢喜登高，不喜落低處。這可能跟天堂地獄的觀念有關，而不是根據生活環境，在現實生活中，實際上他們視登山為畏途。

至於喜光明不喜黑暗，可以說是人類的普遍心理。因此修行人如果夢見入黑暗的境地，連星光都沒有，那就會視為噩夢。大修行人密勒日巴因為曾用惡法報仇誅滅自己的伯父一家，所以初修密法時，才會時時得到黑暗的夢。後來他的師父麻巴懲罰他建塔，然後才能消除罪愆。

修行人夢見羅剎惡鬼，那是不祥之夢。這時，他們往往就會遷離修地，另覓吉祥處所。但若夢見本尊護法，那就是吉地了，同時也被視為修法得到證量的徵兆。

西藏人特別喜歡夢見彩虹。那可能是出於宗教因素，因為密宗祖師蓮花生大士時時修出虹光，有些大修行人於死後亦化虹光身，只遺下一些指甲頭髮，所以彩虹便被視為吉祥。

他們也喜歡夢見水晶般的光，那是因為這是佛的光芒。由於水晶可以反射出七彩虹光，而且光色通澈明亮，因此水晶光的吉祥便不讓彩虹。

至於騎馬上山，天女歌舞，都是修行人獲得證量的夢。這就跟宗教有很大關係了。他們相信是得天人護庇。

《解夢書》解夢

我們再看看《周公解夢書》，同樣是喜光明不喜黑暗。所以「五色雲主大吉昌」，「天晴雨散百憂去」，「雲開日出凶事散」，「天欲曉益壽命吉」，「陰雨晦暗主凶事」，「狂風大雨人死亡」，「日月落憂傷父母」。

同樣是喜高不喜低。例如「棺自墓中出大吉」，「堂上地陷主母憂」，「地裂主有疾病凶」，「上高堂主大富貴」，「糞中坐者主大凶」，「水上立者主凶事」，「高樓飲酒富貴至」。這裏沒提到上雪山，下雪地，則是因為地理環境不同之故。也可以說，這《解夢書》完全是為平原城市人服務。

至於有宗教意味的，例如「入神廟神動大吉」，「神聖到家福祿至」，那就等於西藏人喜夢中見到本尊。「與神女通得貴子」，這一條，可以說是中國古老文化，起自楚襄王夢見神女，傳到西藏，便變成跟空行母有私情，同樣是吉利的夢。「被神鬼打大不祥」，「神佛瞋怒皆不吉」。這即是夢見羅剎惡鬼。

可是，「與神鬼鬥主延壽」，這絕對是唐代的文化。唐代對「閻羅王」有很深的信仰，那是由於印度人的「閻摩」已傳入中國。唐人相信閻羅王手下有鬼卒勾魂，所以能跟鬼卒爭鬥，便即是對死亡的反抗。

這一點，在西藏變成能降藥叉主延壽。

如今《通書》上所附的《周公解夢全書》，實出於《玉匣記》。此書傳出於唐代，為當時的婦女百科全書，洗頭擇日、出門擇日、查生辰算命等等，應有盡有。一如今日之《通書》所附，只是詳細得多。共分二十七類，一共解釋了近千個夢境。

《玉匣記》古本應已失傳，王亭之手頭所有者可能是清代的坊本，其中的資料已比《通書》所著錄者矜貴。

敦煌出土《解夢書》

王亭之手頭另有幾份敦煌出土的解夢資料，名為《周公解夢書》以及《新集周公解夢書》等等。

這些資料比唐《玉匣記》中的《解夢書》更古，其為唐代抄本無疑。而《玉匣記》則明顯有宋明人纂編的迹象。要想知道原汁原味的「周公解夢」，自然以唐抄本為正宗。

敦煌占夢的出土文獻，還有藏文（吐蕃文）、西夏文等資料，顯然是對漢文化的吸收，再加上地方以及民族色彩。

這些資料，研究下來亦很有趣。

在西夏文《占夢篇》中，有大量漢人的占夢故事，其中還引用到《左傳》——晉侯與楚國戰，夢見自己跟楚王角力，不敵倒地，他被楚王壓在地下。

夢醒後晉侯十分躭心，然而其左右近臣卻詳夢說：「楚王在上，即是背天而面向下，晉侯在下，即是仰面向天。是故天將助晉，而背天者不祥。」

次日兩軍接戰，楚軍果然大敗。

這是《左傳》中很著名的解夢故事，竟然傳到西夏，足見解夢之為人重視，這裏頭真有許多心理因素，以及超心理因素。

在敦煌本《解夢書》中，有許多條解夢，實際上即是古代占夢故事的紀錄。

例如《搜神記》中說，後漢張奐為武威太守，其妻夢見上帝給予印綬，自己卻登樓而歌，以告張奐，張奐命人占之，占曰：「夫人正懷孕，必主生男。將來此子必然復來本郡，命終於此樓。」

後來張夫人果然生子，名曰張猛。張猛亦果然官至武威太守。他因小故殺死刺史，州兵便來逮捕他，張猛畏罪，即於舊宅的樓上自焚而死。

在敦煌本《解夢書》中，因此便有「夢見帝與印綬，得官」，「夢登樓而歌，死凶」兩條占斷。由此引伸，並有「夢見唱歌，大憂」的占斷。發展到唐代《玉匣記》，則變成「病人唱歌主大凶」，這就已經失去了占斷故事的原型，變成出於猜度。

因此我們可以說，敦煌本《解夢書》中保持古代占夢紀錄的成分比較高，而時代愈晚，原意愈失。

王亭之由是決定將各本來一綜合整理，分門別類，抄錄出來。有興趣的讀者不妨用來徵驗，看唐代以前的占夢術是否有驗。

敦煌占夢紀錄

夢見天門及觀天者，其人富貴長命。夢見天上有人下來者，大吉。夢見天者，主得財。夢見天者，禍患消除。夢見天門者，有喜事。夢見天開破者，必有軍事。夢見天破赤開，必憂早行（另本則云：夢見天裂，大吉利）。夢見炎天，必為國兵（有戰事）。夢見天地大小者，軍事起不吉。夢見天白色者，禍患除。夢見上天者，大吉，生貴子（另本云：夢見上天，入官得祿，大吉）。夢見天地合者，所求皆得。夢見天上黑氣貫地，時疫疾病。夢見天上草木落，得財。夢見天明者，合大喜。夢見天帝釋者（即是玉皇大帝），大吉。夢見天崩者，年大荒。

夢見雲青，富；赤口凶。夢見聞雷驚，富貴遠（另本云：夢見震雷，憂移徙；又本云：夢見雷落者，憂遠行，亦主病）。夢見天陰雨，主有患。夢見雨浮圖，所求皆不成（見雨落在塔上）。夢見雨落，春夏吉，秋冬凶（另本云：夢見大雨者，得酒肉）。夢見霜露者，憂死亡。

夢見雪下者，得官。夢見大風者，行人好。夢見在虛空中住，大吉。夢見雷雨，得酒肉。

夢見日月斗，大敗（見日月又見北斗，即是《易》的「日中見斗」）。夢見日月行，大赦。夢見服日月，貴；又雲，生貴子（即是日月照身，或雲遮身）。夢見日初出，名位升（另本云：大富貴）。夢見日月者，亦得財。夢見負日月，豪貴，有恩赦。夢見映日月，貴人，大吉。夢見拜日月吉，富貴。夢見日月沒者，大凶。夢見日月一光明，大富貴（即日暗月明，或月暗日明）。夢見日月二暗，家有病。

夢見北斗，有憂。夢見流星，住宅不安。夢見星，憂官事。夢見星辰，大吉利（這一條恰與上條相反，此蓋乃占者各自的紀錄不同）。夢見星落，憂官事及病。

夢見地動，憂移徙（另本：主轉移）。夢見地陷，憂母死（另本：宅不安）。夢見堂中地陷，憂官。夢見地側傾者，大吉。夢見地劈，憂母損。夢見土在腹上，憂子孫（另本：失子孫）。夢見土在身，大凶。夢見身入土，大吉（另本：安穩）。夢見土，病除。夢見運土堂中，大吉利。夢見羅地，大吉富貴。

夢見居高者，富貴。夢見上高堂，富貴（另本：上高處）。夢見山上有倉屋，大吉。

夢見大盤石，大吉（另本：益財）。夢見身落地，失官位。夢見泥土污衣，恥辱。夢見渥土污衣，大凶（另本：必有辱）。夢見地光，主大富。夢見火從地出，必得病。夢見堂陰有土，大喪。夢見地臥，財強。夢見起土，官位至。夢見掃地，有官事。夢見土中金銀，口舌。夢見壁者，主官事。

夢見坐高樓山巖石，所求皆得。夢見登山壠者，主高貴。夢見從高墜地，大凶。夢見掘地土阡陌，有辱。夢見阡陌，他人當矢刀（即人家做了替死鬼）。

夢見頭戴山者，得財。夢見山林中行者，吉。夢見西向立者，吉。夢見樹木生者，有大吉。夢見門中生果樹，富貴（另條：生草樹吉利）。夢見果樹及食，大吉。夢見樹木死者，大衰。夢見伐樹，所求皆得。

夢見樹折，損兄弟。夢見上樹，有喜事（另本：長命）。夢見砍竹，主口舌。夢見竹筍，憂事起。夢見門中竹木魚狗，吉。夢見草木茂盛，宅旺。夢見棘樹繁赤，口舌事。

夢見桑木在堂上，憂官事。夢見柴木在堂，大凶。夢見花發者，身大貴。夢見花落者，妻拜，凶。夢見拔草，憂官事。夢見雜薰者，有孕（雜薰即是雜草）。夢見樹木忽枯死，主母病。夢見倚樹立者，吉。夢見大樹落蔭蓋屋，大富（另本：大樹落蔭，所求皆得。蓋屋，大富）。

夢見入水中戲者，大吉。夢見止水者，大禍，凶。夢見水竭，有憂。夢見飲水者，得財帛。夢見飲水，所思必至（所思，指自己暗戀的人）。夢見流水者，主訴訟（另本：所訴得理）。

夢見大水者，主婚姻。夢見天地大水者，事起。夢見江潮海水，大昌。

夢見大水波浪起伏者，不安。夢見居水上坐及水中坐，並吉。夢見水門者，得官。夢見落溺，大吉。夢見婦溺水中，生貴子（另本：憂子女，生貴子）。夢見被溺不出，凶。夢見沒水中者，憂病、憂妻，亦懸官。

夢見水入官寓，入位至（另本：水來入宅夷門，官位至）。夢見水入宅，得大財。夢見赤水者，有官事（另本：夢見赤水吉，入宅中官事起）。夢見黃水，百事和合。夢見浮水，來賊侵圍。夢見拍浮水中者，酒肉。夢見共眾人同臨清水吉，濁水凶。

此外見河水分清濁以定吉凶，是三國時著名占夢家周宣的占斷。

東漢末年黃巾起義，中原動盪，張策夜夢赤足渡河，河水清澈見魚，以問周宣，那時張策還是個小孩子，周宣立刻道賀，祝他前程遠大。後來孫策果然三分天下，建立了吳國。然而孫策出兵攻魏，於出兵前夕得一夢，依然是赤足渡河，他心中暗喜，認為是戰勝的吉兆，於是歡天喜地告訴周宣。周宣問：「河水是清是濁？」孫策回憶道：「有點渾黃。」周宣便告訴他，水濁即非好夢，請他小心。後來孫策果然中箭，兵敗而退。

以下繼續抄錄敦煌出土《解夢書》的資料：

夢見浮渡大水行速，吉。速，陰之事（秘密事的營謀有利）。夢見渡江海彼岸，吉。夢見水上行，城必安，富貴得官榮（這即是「水為財」的傳統思想，由以下兩條更可見）。夢見水出，得財。夢見江海塞，大吉。夢見床上水，憂官事（另條：憂財及貴）。夢見屋中水出，凶。夢見灶下水流，得財。夢見穿井，得遠信。夢見作井，富貴。夢見井沸溢，富貴。夢見視井者，得遠信。夢見身井中臥者，大凶。夢見落井，憂官及病。夢見井有魚，有物（井中有值錢的東西）。

夢見火燒屋者，父母病。夢見風火壞屋，凶，或遷徙。夢見火舍，有喜事。夢見火燒門戶，災禍必至。夢見燃火者，主大吉。夢見火燒地，當天下稱陽。

關於這一條，可以曹操的夢來解釋。漢末董卓專權，曹操是他的下屬，甚受董卓重用。忽一夜，曹操夢見大火燒地，燒至地裂，夢醒甚為憂心。翌日他將夢境告訴楊修。楊修說：「從此天下陽盛陰衰了。」曹操問：「是不是天子重新掌權？」楊修搖頭說不是，因為地裂即主天子疆土動。後來各路州牧起兵反董卓，曹操立刻加入，即是因此一夢觸發。

夢見火熱水，富貴。夢見火熱天，為相國（參考曹操的一夢）。夢見火炭及身，吉，榮貴。夢見火至天，兵事起（亦參考曹操的夢，足見術士是根據名人的夢來衍繹）。夢見火入人家，大富貴。夢見戴火，富貴（頭給火燒着）。夢見把火夜行，大通達（另條：必通顯）。夢見抱火夜行，身必光榮。夢見林中火，有喜事。夢見持火與妻子，多口舌。夢見（在）火氣煙裏，憂病。夢見持火大盛，大憂除。夢見火浮圖，大富貴（火浮圖即是火塔）。夢見火從地出，憂病。夢見將火照人，奸事露。

夢見聖人者主大吉。

這一條恰與漢代董仲舒的夢相反。董仲舒為一代大儒。一日夢見孔子對他說：「起，起，今年歲在辰，明年歲在巳。」董仲舒醒後自解夢曰：「俗諺有云：歲在龍蛇賢人嗟，然則此夢顯然不祥。」明年，果被禍而死。

夢見帝王崩，主大荒。夢見王女，大吉。

夢見對大官者，喜事。夢見得官者，生貴子。夢見與貴人交往，吉。夢見貴人賜飯，主病。

這一條，有近代故事為證：佟弼臣是廣州旗人，民初，在農民講習所做事，跟毛澤東是同事。解放後他寫一封信給毛，因而得安置入文史館。至九十歲那年，他忽夢見毛澤東請他吃飯，由是即一病不起。佟弼臣的倪子佟紹弼，工詩，為南園後五子之一。

夢見貴人坐，欲貴。夢見官廚中行，吉。夢見大赦者，主宅平安。夢見君王隊仗者，富。

夢見君子，行。夢見自笏，貴族求婚。夢見拜尊長者，大吉。夢見向人叩頭，百事通（另條云：貿遠，即是往遠方做生意）。夢見得人拜，貴人吉（小人則凶）。夢見拜官吏，有庭賀，吉（有人上門道賀）。夢見社頭者，為人謀。夢見叩頭者，憂官事（跟向人叩頭不同）。

夢見髮白者主長命。夢見髮亂，百事不過。夢見披髮，為人所謀。

漢大將軍霍光，夜夢披髮，將洗頭而夢醒。翌日找人占夢，占者說：「披髮不祥，大將軍尚祈小心為人暗算。」霍光卻道：「不是說洗頭可以解百憂嗎？」占者答：「大將軍未洗。」霍光卻笑道：「將洗未洗，憂即將解未解。」蓋其時霍光為帝主所懼，霍光自己也知道。漢宣帝左右的宦官，更在皇帝面前挑撥，未已霍光死，宣帝乘機收回兵權，將霍家族誅。後來術士說，披髮果然主為人所謀，那是指宦官；沐髮卻主霍光死亡，因為死亡憂亦隨之散。

夢見頭髮長，長命。夢見髮落，憂愁。夢見牙齒生，大旺。夢見牙齒落，大衰。夢見牙齒落失，兒子富貴。夢見露齒，多訟（另條：夢見露齒笑）。夢見牙齒，憂刀兵。夢見齒白，富貴。夢見梳頭者，百事通（另條：百事散。此蓋指憂疑之事）。夢見照鏡，明吉，暗凶。夢見向鏡笑，為人欺。夢見鏡破者，諍訟。夢見靴、梳，得橫財。夢見沐浴，妻病解除。夢見於涂水沐浴，大吉富貴（涂水即是山西的滁河）。夢見浴者，憂愁疾病除，喜事。夢見沐浴者，大吉。

夢見父子相見，大吉。夢見兄弟分散，口舌。夢見兄弟相打，和合。夢見父母亡，富貴。夢見兒女改服，悲泣（即是兒女帶孝）。夢見抱兒，男吉、女凶。

夢見妻者得大財。夢見妻喜，得人財力。夢見妻病，有失財。夢見娶妻，主改動。夢見打妻者，主失財。夢見遣妻者，得外財。夢見妻帶刀子，生子則速（另條云：有子）。夢見妻有娠，大凶（另條云：夢見妻懷孕，與移人。即是說妻子會跟別人走路）。夢見夫妻執手，大凶。

相傳若重病的人夢見夫妻執手，即主死。大概是取執手即為相別之意。然而宋代有一個故事，非病人夢見夫妻執手亦主死亡。賈似道當國時，跟一葉姓的門下客甚為投契。及賈似道得罪，判充軍，臨行前夕惟此門下客相送。這門下客與賈似道對飲，飲酣，對賈似道說：「相公保重，某當先行。」原來他於先一夜夢見夫妻執手。賈似道不以為意，以為他只是告辭。誰知其人回家卻命姬人暖酒，用酒送一握冰片入腹，於是七孔流血而死。

夢見妻濃妝，必分。夢見夫妻相拜，主離。夢見妻打身，得妻力。夢見與女子交，夫刃。夢見婦人走，官有事得散。夢見花釵妝粉，口舌。

夢見食生肉凶，熟肉吉。夢見得熟肉，大吉。夢見食龍肉，生貴子。夢見食馬肉者，妻有娠。夢見食牛肉者，身大健。夢見食豬肉者，主口舌（另條云：夢見牛肉吉，豬肉憂病）。夢見牛肉在堂，憂財。夢見食驢肉者，憂遠行。夢見食犬肉者，死亡（另條：爭訟）。夢見食死禽肉者，分散。夢見食鳥肉者，有子孕。夢見食雞子，大吉（雞子即是雞蛋）。夢見食獸肉者，家破。夢見食百味者，大吉。夢見食果子，遠人吉。

夢見食酒者，有喜（另條：天雨欲下）。夢見與人酒食，口舌。夢見妻飲酒肉，吉。

夢見大醉，憂病。夢見吃齋者，主大吉。夢見與人酒食，有集會。夢見共死人食，有憂（另條：大吉）。夢見白飯及人，必有文書事。夢見得食，有喜事。夢見宴會，人謀（由於古代設宴然後謀人的事太多，故有此條）。夢見相呼集會，跪拜事。夢見被呼，家鬼欲得食。夢見在外呼喚者，大吉。夢見彈琴，有聲（有聲譽）。夢見奏樂者，哭泣。夢見笛者，主合，大吉。夢見打鼓者，遠信至。夢見歌舞者，大吉。夢見水上歌者，大吉。夢見唱歌，有口舌。夢見病人歌叫，凶。夢見作舞者，主驚恐。

夢見禮佛，得貴人力。

此條可以朱元璋的夢為證。朱元璋做小沙彌時，打掃準提殿。每打掃，便向準提菩薩祈禱。後來夜得一夢，夢見自己所拜的不是準提，竟然是佛，心中覺得奇怪，為什麼自己朝夕參拜的準提竟不入夢，佛反而入夢，心想，莫不是叫我離開準提殿？於是離開佛寺參軍，由是建立明朝二百餘年江山。所投的郭子興即是他的貴人。

夢見菩薩者，主長命。夢見金剛，得人助力。夢見僧尼，百事不合（僧尼即是尼姑，不是僧和尼。故另條云：夢見尼，所為不成，可證）。夢見師僧，諸佛守護。夢見座僧，大吉。

夢見入寺行，主喜事。夢見佛像，善徵，吉。夢見形象，有喜事，大吉（形象指神佛菩薩像）。夢見造幡，福德，吉利。夢見神廟者，先人求食（另條：必富貴）。夢見焚香者，主婚姻事。夢見道士者，有願起。

夢見祀事者，大富貴。夢見社宮，必得婦（社宮即是土地祠）。夢見家有祖祀，福至。

夢見與鬼鬭，延益。夢見著衣鬼，謙人避情吉。夢見語鬼，當令富貴。夢見解神者，不成事。夢見神廁，大富貴。夢見與鬼神語，富貴。夢見群鬼散走，大富貴。

夢見益田宅，大喜事。夢見宅空，主大凶。夢見宅新，有貴子。夢見光明入宅，大貴。夢見使人入田宅，富貴。夢見大人建宅吉。病人凶（病人夢則凶）。夢見宅內肉，凶。夢見宅內生竹林，得財，大吉。夢見宅中壁動者，移死。夢見益田，一云有喜。夢見新起屋宇，大富（另條：起造立屋，吉昌）。夢見起大屋，富貴。夢見蓋屋者，長命。夢見新架屋，益口（增添人口）。夢見起新舍，吉。入者，得財。

夢見修理故居，大者，家吉。夢見屋舍破壞者，大凶。夢見屋倒者，主疾病。夢見屋小破漏，凶。夢見屋漏，兵敗，人死，官事凶。夢見屋棟折，死；落，凶；障者，凶。夢見柱折，憂家。夢見屋棟動，家長者病（家長有此夢主病）。夢見屋動者，家長凶。——王亭之丁母憂一周前，妻夢見站在天台，見附近屋宇紛紛動搖傾圮，惟自己所立的屋宇未動。其時家母已住院，王亭之即以為不祥。

夢見家業破者，孫病。夢見屋中牛馬，凶。夢見火燒屋者，父母病。夢見上高屋者，大貴。夢見上屋四望者，大吉。夢見堂中有棺材，欲富。

夢見舍梁發電，移家避之。夢見入堂居中位，富，王公。夢見輦土上宅者，吉。夢見舍，吉，一云恩赦。夢見居北堂者吉，有喜事。夢見大屋中，富貴。夢見屋中有貴人，大吉。夢見屋市，大吉。夢見屋角，大吉。

夢見移灶，主再婚。夢見灶下水流，大吉。夢見謝灶，遇除（得官職）。

夢見打人門者，大吉。夢見人入門者，主官事。夢見將入門者，吉，貴。夢見門戶者，大吉。夢見門戶開，婦人與他人通（另條：夢見門開，妻有外心。一云：百事不安）。夢見從戶出門，妻有外心（由房門出大門）。夢見莊門，大吉慶。夢見新門，貴欲至。夢見門戶燒燔，天旱。夢見門中生樹，生貴子。夢見門戶壞者，憂子孫。夢見作門戶者，大吉。夢見傍門前，大吉。夢見飄入門，大吉。夢見表門，必五品以上官至。夢見車來入門，口舌。夢見禁門者，欲捍。夢見當門中立，三公位。夢見當戶，必大富。夢見避蛇入門者，得財。夢見坐轎出門，凶。

夢見落廁中，主重病。夢見陷廁中，貴，污衣，富。夢見上廁，臨官祿。夢見糞首，得財。

夢見宮市樓店，大吉。夢見台影，主官祿。夢見上樓閣，得官（另條：夢見上高樓閣，貴）。夢見起高樓，位至三公。夢見著新衣者，疾病（另條：宜官）。夢見衣裳解者，口舌。夢見着青衣者，得官。夢見着黃衣者，大喜。夢見着綠衣者，妻有娠。夢見着白衣者，主大吉。夢見着孝衣，有官。夢見着皇衣，訟得理。夢見着緋衣者，官事。

夢見着女人衣，大凶。夢見着衣服者，大吉（夢見自己正在穿衣）。夢見衣服破者，憂妻病。夢見戴幘者，主官位（幘即是士人的帽）。夢見戴幞頭者，死亡（幞頭即是官的紗帽）。夢見破巾子，凶；新，吉。夢見新襪吉，破者凶。夢見鞋履，百事和合。

夢見腰帶者，有官事。夢見被襆等，有喜事。

夢見被褥，得錢財。夢見失靴履，憂奴僕走。夢見線，有婚事。夢見得針，大吉。夢見繩索，長命。

夢見錦綉，憂官事。夢見綾絹，主大吉。夢見絲綿，主長命（另條云：得財）。夢見布絹，百事盡益。夢見羅紈，憂官事。夢見金銀，憂論訟。夢見金玉，大富貴。夢見錢線，主口舌。夢見將錢予人，大吉利。夢見拾得財物，失財。

夢見六畜語，先人求食。

這一條，關係到民俗信仰。國人一向相信祖先的靈魂會附在家畜身上，藉此向子孫表達自己的需求。家畜雖不僅說話，但卻懂得用動作來表示。至於在夢中，六畜當然就可以說話了。此中最著名的一夢，出於吳王夫差。

夫差既納西施為妃，又殺了伍子胥，而且將越王勾踐放歸回國，吳國的大臣都不以為然。及逾年，吳王夫差忽得一夢，見三頭黑犬在哭號，在南北兩頭的甑沒有熱氣。翌日上朝，便召各大臣詳夢，大臣為了討好他，大家都胡謅一頓，夫差心知肚明，便召公孫聖來解夢。公孫聖聽了夢境之後，慘然奏道：「王將無國矣。犬號，宗廟無主，甑無熱食，主不食。宗廟無主不食，是失國之象。」

公孫聖的解釋，當然是認為犬號是宗廟中的先人示意，說自己將得不到祭祀。

夢見馬所，作祿有福。夢見駒馬者，凶。夢見馬出行，家神不安。夢見騎馬者，遠信來。

夢見走馬，有急事。夢見乘赤馬，主文書大吉。夢見乘黃馬，口舌散。夢見乘紫馬，大喜。夢見乘青馬，有慶事。夢見乘白馬，有喪事。夢見乘黑馬，財散。夢見乘騎馬，被賺誤（見人來騎自己的馬，主受騙）。

夢見騎牛馬，被賺誤，室上女子有外意。

夢見騎驢乘馬，吉。夢見牛馬雲上，女子有外意。夢見牛馬產者，吉，或有客，亦得財。夢見牛馬，必風雨。夢見殺牛馬者，家破。

夢見牛，所求皆得。夢見大牛，所求皆得。夢見青牛，吉（一云：有喜事）。夢見黃牛，宜田蠶。夢見黑牛，失物復得。夢見赤牛，口舌散，吉。夢見白牛，兵行還（士兵即將還鄉）。夢見牛牽人求，事吉。夢見牽牛上，大富貴（一云：有禮事，即是將會舉行儀式）。夢見牛出宅者，奸非事（一云：奸事散）。夢見牛入家，有喪禍來。夢見轉牛，官事不解。夢見繫牛，官事不解。夢見牛解，鬼欲得食。夢見牛角向人者，所求者得。夢見牛角觸人，憂官。夢見截牛頭血出，得財。

夢見乘驢，有錢至。夢見乘驢騾，有財至。夢見驢騾，有口舌。

夢見羊者，主得好妻。夢見騎羊，有好婦（一云：得奴婢）。夢見群羊，有客。夢見牽羊，有宴樂盜事。夢見羊車，吏遷位（升官），民凶。夢見殺羊，官位高遷。

夢見豬者，憂官府。夢見殺豬肥者，凶。

夢見犬咬人，貴客來（一云：事解）。夢見犬咬日，憂官事。夢見犬傷，大吉事。夢見犬所，死（一云：家欲喪）。夢見赤犬，口舌散。夢見黃犬，所求皆得。夢見犬子，有喜樂事。夢見放犬子，有急事，病。夢見捉犬，有病（一云：必有急客來）。夢見犬走，大利。夢見賣犬，喜事。夢見犬吐，家鬼得食。夢見狗噉者，先人索食。夢見犬齒，先人求食。夢見殺犬，所求皆得，通達。

夢見駕象，大吉利。

夢見獅了，主大貴。夢見獅子入家，必戾（必有不祥）。

夢見大蟲者，加官祿。夢見虎狼，身得興官。夢見虎狼不動，必見君子。夢見猛虎驚，大吉利。夢見虎咋人，縣官口舌事。夢見被虎食，大凶。夢見虎食者，大吉（這條是說虎在進食，而不是自己被食）。夢見騎虎行，大富貴。夢見虎所逐，必疾病，凶。

夢見兔，大富貴。夢見白兔，必為貴人所接。夢見雙兔行，富貴。夢見鹿兔行，有官吉。

夢見白鹿，得聖人道術。夢見獐鹿，主得宮。夢見騎鹿，主居官位事。

夢見雞鵝者，主大慶。夢見雞，必有徵召事。夢見雞鳴，有口舌。夢見殺雞，鬼亡，大

吉。

這一條，是很古老的民俗信仰，所以驅鬼的人都殺雞取血祭祀。甚至少數民族亦有同樣信仰。例如薩滿教，即將雞生摔在地，用以驅邪趕鬼。

夢見鳳凰，帝王招賢或徵駕。夢見鶴鳴，必遠行。夢見白鶴在堂，有喪。夢見鷹鷂，欲遠行。夢見燕子，大吉。夢見鴿銜粟，必生貴子。夢見雀（麻雀），有官祿印綬事。夢見飛鳥，欲達。夢見飛鳥入人懷，遠行。夢見飛鳥入屋，凶死。夢見飛鳥自死，行人病。夢見鳥巢安全，大吉。夢見鳥銜物，贈遺事。夢見銜蛇，得官，大吉。夢見鳥鳴，有離別事。夢見鳥禽所食者，憂死亡。

這一條，實從「天葬」風俗而來。天葬是將屍體肢解來餵鷹，所以這條解夢，很有西域色

彩。

敦煌跟西藏（吐蕃）接壤，因此成為漢藏文化的交流點。而且西藏曾一度佔領敦煌，並在此駐兵，所以敦煌出土的《解夢書》便有西藏文化成分。

西藏密宗重視占夢，因此王亭之才會對敦煌占夢興致盎然。

夢見小蟲，吉；大蟲，凶。（這裏的「大蟲」不是指老虎）——有一位港姐曾對王亭之說，於決賽前夕，夢見滿屋甲由，此即夢見小蟲也。夢見飛蟲，必有富貴（另條：遇賊）。夢見腐蟲，富貴王位。夢見解蟲者，無憂事。夢見百蟲自滅，小口衰（小口指兒童）。夢見蜘網，事難。夢見蜘蛛嬉子，口舌。夢見蜈蚣，長命。夢見蜂螫人，有官事必解散。夢見蠅尿者，被人讒惡事。夢見蟻子作群行，大吉。夢見身上蟲出，大吉。夢見身蟲者，病除。

夢見鼠咋者，得財物。

夢見蛇，得移徙事。夢見青蛇，憂事發。夢見赤蛇，憂病。

夢見黃蛇，有吉事。夢見蛇群，大吉利。

夢見蛇入懷，有貴子。夢見蛇在床上，吉（另條：夢見蛇上床，主死事）。夢見蛇入床下，重病。

夢見蛇上屋，大凶。夢見蛇入門屋中，財物。夢見蛇出宅者，憂疾病（一云：移徙）。夢見蛇遠人去，必富（另條：夢見大蛇過，得財）。夢見蛇入人穀道中，富貴。夢見蛇齒人，妻必子。夢見蛇咬人家者，母喪。夢見蛇繞腰，迎貴王。夢見蛇作盤，宅不安。夢見蛇相趁，少口舌。夢見殺蛇，大吉。

夢見鱉者，主百事吉。夢見魚鱉，得人所愛（一云：必得官）。

夢見龜者，口舌。夢見龜蛇相向者，逢財（一云：逢劫殺）。

夢見魚者，盡不祥（另條：夢見魚，百事如意）。夢見得魚，與生有利，捕取魚亦有利。夢見捕魚，縣事吉。夢見釣魚，有憂事。夢見得生魚，大吉利。夢見生魚龜，得官位。夢見魚翻天，必有大旱。夢見乾魚，大旱。夢見天魚落，大富貴。夢見魚飛，天必雨。夢見魚飛比鄰，百事散。夢見魚上天者，大吉。夢見大魚不多吉，小魚，大吉。夢見魚在井，貴人通好。夢見鯉魚，必有喜事。

夢見龍，必富貴（一云：生貴子）。夢見赤龍，憂官，口舌。夢見黑龍者，家大富。夢見蛟龍，必被貴人召及。夢見龍鬥，主口舌。夢見龍飛，身合貴。夢見乘龍上天，三代富貴。夢見殺龍者，大吉利。

關於龍的夢，有很多歷史記載，例如說，薄姬曾夢蒼龍坐在腹上，漢高祖劉邦聞說，即便召見，對她說：「這是一個好夢，我成全你。」於是臨幸而生子，是為漢文帝。

至於乘龍，則說黃帝少時曾有此夢。這則是關於圖騰的傳說。

夢見刀劍，得錢財。夢見與人刀劍，失財。夢見挾劍行者，大富。夢見把刀箭行者，身貴。夢見把刀行，口舌散。夢見拔刀行者，有利益。夢見自勢，利（自勢即是自閹）。夢見把刀自刺，得財。夢見磨刀者，有大利。夢見刀相砍者，親事。夢見被刀殺者，得長命。夢見死者戈一堂，得財。夢見為刀所傷，大吉，得財（一云：失財）。夢見牽弓矢射，求皆得。夢見箭未射，得財。夢見身被射，得人力。夢見弓弦斷，事不就。

夢見被打趁者，大凶（趁即是追趕）。夢見與人鬥爭，得財。夢見腰血出，遷進，吉。夢見被救，名位通。夢見以力相傷，有喜事。夢見足下流血出，福樂至。夢見被人刺，大吉；被刺，亦吉。夢見被殺，必有吉事。夢見殺人，必有吉事如意。夢見殺人血污衣，漁獵吉（一云：夢見行殺人，必有酒客）。夢見打人，凶。夢見斷殺物，命必決（夢見殺人的兇器斷開，反而主自己意外喪命）。夢見打行人，亡失財。

夢見枷鎖，主得官。夢見入獄吃杖，並吉。夢見吏將入獄（給差佬關入監牢），得財。夢見得罰加身，必大富。夢見吏人，祿，有神事者了。

夢見逐賊行，合大吉。夢見惡人牽，主疾病。夢見狂賊入宅，主家破。夢見被賊者，為人所求。夢見恐怖，事不決（一云：憂官事）。

「夢見恐怖」是很籠統的夢境，所以這一條占文亦很籠統，說是「事不決」。至於另一條占云：「憂官事」，其實亦很籠統，因為政府事務牽涉面亦很廣，這便是術數必有其局限的證明，因有局限，術士便只能敷衍。

夢見軍陣，遠行。夢見軍行哭，殃鬼魅除，吉利。夢見好將兵，口舌事起。夢見征人行，散病忌。

夢見得病，有喜。夢見病重，大吉利。

夢見長病，大富貴。夢見身病者，憂事。夢見病人吐食，必瘥。夢見病人吐蟲出，得官。夢見污衫衣，得財。夢見病人吃飯食者，凶。夢見病人沐浴者，凶。夢見病人落地者，凶。夢見病人落地，凶。夢見病人下船者，大吉。夢見病人喪父母，家寧。

夢見女人狂，憂病。夢見足下膿出，大吉，富貴。夢見鄰舍有疾，吉慶。夢見隱處生瘡，富貴。夢見將病人車內，凶（一云：身死）。夢見乘屍得征，大富貴。夢見身死，主長命。夢見死亡，憂了孫。夢見吊孝，大吉利。

夢見沐浴，妻病解除，吉。夢見於塗水沐浴（在路邊水沐浴），大吉，富貴。夢見浴者，憂愁疾病除，喜事。

這一條　有涉及王亭之的一夢為證。王亭之三歲患白喉，誤服藥，幾至危殆，宅中有人已準備慶祝。庶祖母盧太君忽得一夢，夢見跟王亭之在天井沖涼。翌日檢查《夢書》，大喜。又因為所夢的天井在西偏間，是故主張看西醫。後來果然由黎鐸醫師治好。

夢見市中得穀者，大吉。夢見乘車入市，大富貴。夢見身入市，富貴。夢見市中坐，得官。夢見先祖入市，生貴子。夢見市上殺人，大吉。

夢見身成肥瘦，大凶。夢見裸身無衣，大吉。

在「反右」時，有一人給隔離審查。不試過這種審查的人，不知道厲害。將你單獨一人關在房間，只設一枱一櫈，然後叫你交代。某年月日，你跟某人說過什麼話，某人又對你說過什麼話？二十四小時內不斷有人找你談話，勸你坦白。三天下來，保證閣下精神崩潰。此人為王亭之死黨，然而卻真的愛莫能助。

後來此人獲釋，宣佈「是位同志」。他對王亭之說，獲釋前一晚，伏在桌上打個盹，夢見自己赤身露體，還以為會給拉去槍斃。

夢見上橋者，主長命。夢見起橋者，必貴。夢見橋上叫喚，大凶。夢見渡橋樑，大吉。夢見橋上過，衰厄當度。夢見徙財過橋，死。夢見從破橋上過者，厄難免；不過，凶。夢見橋樑折者，大凶。

夢見道者，大吉（另條：夢見大道，憂財物；又另條：夢見道路平直，大吉）。夢見理道路，官事吉。夢見大路生樹木者，吉。夢見路上屎尿，大得財。夢見行路中，百事開通，所求皆得。夢見從險道行者，吉。夢見四道交，通達四方之義。夢見臥道中，不得財。夢見迷路，所求不成。

一九六三年，王亭之買了一張馬票，家母夢見王亭之躺在彌敦道上，幾乎給車車死。翌日開獎，差一個字中頭獎。

夢見乘車行，主得官。夢見車群行，大吉（一云：大富）。夢見車行，臨官位，吉（一云：得財）。夢見乘車上城，富貴。夢見乘駕，大吉。夢見車，必謀升遷事（一云：必謀談軍事）。夢見在車上三十頭牛，大富貴。夢見在車上頭，大富貴。夢見上車土，順媒嫁，吉。夢見車來入門，有口舌。夢見車無輪輻，事敗。夢見車破，必憂愁。夢見駕車過人家，大凶。

夢見乘船行，家欲安穩。夢見乘船者，或職位轉移，遠行。夢見乘船水漲，大吉。夢見乘船上城，大富，吉。夢見乘船過橋，大吉。夢見乘船升明，帝王位事。夢見乘船渡水，得財。夢見濟渡事（即是過河），當以意理事。夢見若渡汛者（涉過洪水），吉。夢見乘船水中，大富貴。夢見從高處向下，吏失位，凶。夢見男女同船行，移徙。夢見帆幔使風，少吉。夢見船中行者，大利。夢見船滿者，大疾病。夢見船沉者，憂身死。夢見落船中者，大吉。

六二年王亭之由澳門屈蛇來香港，出發前打個盹，夢見滿船都是人，給趕落艙。王亭之自己卻在艙面，見船上人釘艙蓋，不知怎樣，竟見海水由釘孔滲入，水愈積愈多，最後弄到沉船，王亭之於是夢醒。

醒後，真的不想上船，只是當時的環境不容不去馬。幸而有人照拂，王亭之可以不落蛇艙，睡在艙面，一路免受擠逼嘔吐之苦。

其後船至元朗，蛇船給「水師」追捕，蛇頭及水手棄船，王亭之只好獨自上岸，摸到龍子茶樓，又得坐櫃的收銀妹關照，然後才能入到九龍。所以《夢書》中解船滿及沉船兩條，於王亭之的夢則不驗。

夢見種田，口覆事（口覆即是反口）。夢見耕地，有農修事，吉。夢見耕田，大富（一云：翻事重）。夢見種，得財。夢見教人作田，富貴。夢見田中生草，得財。夢見灌田秧，大吉。夢見居山叟種，大富貴（見山中老人種田）。

夢見種豆，必有誤事。夢見種麥熟，大吉。夢見種黍，皆得財。夢見種穀者，皆得富貴。夢見五穀苗盛，得財。夢見得五穀，大富貴（一云：多憂。二者應無矛盾）。夢見得熟穀，大吉。夢見米，己身欲貴。夢見硬米，有貴獻事。夢見粟，必有別離事。夢見糯米，有集會事。夢見粱米，有貴獻事。夢見粟穀，主長命。夢見刈黍還，吉。夢見稻秫自來，大喜。夢見生麥，必音聲（此條欠解）。夢見穀麥堆，得財。夢見麻豆麥者，得酒食。夢見胡麻，口舌橫起事（胡麻即是芝麻）。夢見米麵，憂身病。夢見麵者，必有居住事。夢見芰瓜，憂病（收割瓜類）——古人用艾灸治病，常常先薄切一片瓜來墊着病灶，以免為艾火所傷。後來才將艾草改良，不致燒傷皮膚，此即應為《夢書》說為「憂病」的依據。

夢見作冢墓者，大吉。夢見冢上生樹者，大吉。夢見墓木茂盛，富貴（一云：家旺）。夢見冢木上樹折，大凶（一云：有訟）。夢見墓門開，大吉。夢見墓門閉，並吉。夢見墓上有表門，大吉。夢見冢墓穴連，事憂官。

夢門冢墓門，棺露，發故事（舊事重新給挖出）。夢見墓在洞，凶。夢見新冢，憂事。

夢見冢墓高，大富貴。夢見燒墳，吉。夢見黃墓氣，大富貴。夢見墓上雪氣，吉。夢見棺冢，暗凶，明吉（即暗事凶，明事吉）。夢見墓上行，大喜。夢見舁棺入宅，財來。夢見棺出宅，失財。夢見棺木，民吏遷官。夢見拜棺木，大吉得財。夢見棺木張，得大財。夢見棺木閉者，凶惡。夢見棺破，有死亡。夢見砍棺材，欲有死亡。夢見棺水涼，吉。夢見棺中死人，得財。夢見棺木中人語，得財。夢見中棺中有棺木，大富。夢見入棺椁中者，得高官，大吉。夢見棺臨死人，得財。夢見棺瓦連棺，大衰事。夢見身入棺，還進吉。

夢見身肥瘦，大凶。夢見裸身無衣，大吉。

十二支得夢日

《敦煌夢書》除占夢諸條外，還有一篇《十二支得夢日》，那是不依夢兆來解夢，但憑得夢之日的地支來占驗。

照道理，這樣來占夢並不靈驗，因為沒有可能凡於同一日得夢的人，都有同樣的占驗。然而亦不妨抄錄下來以供談助。

子日夢者，酒肉（一云，主失脫，東家口舌）——二者吉凶占驗不同，由此可知此蓋係術士隨意湊合。

丑日夢者，三日內得橫財（一云：主財入宅及喜悅）。

寅日夢者，得酒肉，遠行。

卯日夢者，有口舌，凶（一云：主外客至，忌官事）。

辰日夢者，有病（一云：酒肉事，得外財）。
巳日夢者，東家小兒病。
午日夢者，所求皆得（一云：遠行到）。
未日夢者，有遠行（一云：主酒肉，喜樂。吉）。
申日夢者，主官事。
酉日夢者，如平平（一云：酒肉事至）。
戌日夢者，官事散，吉（一云：遠行至，得外財）。
亥日夢者，官事，疾病事。

占十二時夢及禳夢

《敦煌夢書》又有「十二時得夢」及「建除滿日得夢」，茲亦抄錄如次——

十二時得夢——

子時得夢，大吉昌。丑時得夢，有橫財。寅時得夢，送酒肉。卯時得夢，有雨下。辰時得夢，有口舌。巳時得夢，主哭泣。午時得夢，坐失財。未時得夢，小口病。申時得夢，主諍訟。酉時得夢，有客來。戌時得夢，遠信至。亥時得夢，主官事。

建除滿日得夢（曆家依「建除家」的說法，將收、開、閉、建、除、滿、平、定、執、破、危、成十二字，分排於每日日腳之下，讀者打開《通書》便可以找到。）——

建日得夢，主大吉利。除日得夢，憂疾病起。滿日得夢，逢酒肉。平日得夢，口舌事起。定日得夢，土移徙事。執日得夢，主失財。破日得夢，有大吉事。危日得夢，主官事起。成日得夢，主吉事。收日得夢，大凶惡事。開日得夢，主生貴子。閉日得夢，主驚恐。

此外還有一條禳惡夢咒——

赤陽赤陽，日出東方，此符斷夢，辟除不祥，讀之三遍，百鬼潛藏。急急如律令。
夫惡夢姓雲名行鬼；惡想姓賈，名自直。吾識汝名知汝字，遠吾千里。急急如律令。

藏文寫本《夢書》禳解惡夢法

敦煌出土，還有一本藏文寫本《夢書》，其中有一篇禳解惡夢法，殆為唐代時藏人的民俗信仰。茲亦錄出，作惡夢的人不妨一試——

做好夢，此後人獲好運。

當夢無法判定吉凶時，背向東升的太陽洗臉，先點上香，向太陽等一一敬禮。囑咐神後，安樂，得食。

昨晚若做好夢，天神吉祥，宏運來臨，賢者初顯。若做惡夢，在屋內洗臉，挑一小木棍，向儀軌行禮二坎，喊：「嗦！」並祈禱以前的惡夢對我無害。將木棍折成很多段，拋入火中，惡夢如此便被火燒焦，不會再來。

祈禱完畢，木棍被火燃燒，惡夢便如同木棍一樣，不會再現。然後在地上取出三塊硬土，在自己頭上繞三次，把硬土塊放入水中搓揉，祈禱昨晚的惡夢對我無害，此土塊受害。惡夢如同土塊一樣不會再來。土塊裏有與賢相抗的熏樹，如果你得到熏樹的餘燼，即昨日的惡夢，便對自己無害，惡夢不再滯留。如果滯留，在三次間西邊熏樹的餘燼會有火苗，用手將淨土取出，變害為利。做極惡的夢，可得此吉。

傍晚若做夢，春夢不到初冬。清早做夢，睡醒後身體未動時想所做的夢。若身體已動，會忘記所做的夢。說損害的話有夢魘。說稱頌的話則福運來臨。

自己占夢最清楚

關於占夢，古代有許多有趣的傳說，於古今占夢書中都難得到答案。

譬如說，李白的母親夜夢二道人奕棋，她站在一旁觀看，奕到中局，一道人忽然拿起一枚白色的棋子給她，她一驚夢醒，後來便懷孕生了李白。這個夢，即使遍查夢書也應該得不出答案。

晉代的謝安患病，至病重時忽得一夢，夢見自己坐着桓溫的車，行十六里路。他自己詳夢道：「桓溫當權時，我常怕會給他殺害，如今這個夢，即是說我會代他的職位十六年，屈指算來，今十六年已足。」果然不久謝安便辭世了。這樣詳夢，亦必須當事人才會清楚，若隨便找一個江湖術士來詳，定然得不出「代桓溫位十六年而終」的結論。

苻堅將南侵，夜夢南京滿城出菜，他下馬進城，則見北向東南傾。醒來，他自己詳夢道：

「菜多難為醬」，即是「難為將」也。而且地東南傾，則為江左不可平也。後來他率兵南侵，果然敗於謝安謝石手上，留下「風聲鶴唳，草木皆兵」的成語。

由是可知，占夢不能單憑《夢書》，必須憑當事人的感受。所以說，最好的占夢家，其實即是發夢的人自己。占夢書只能作為參考。

「如夢」的夢

也有一些夢，夢境即有解釋，根本不必去詳。例如五代時有一姓徐的人，夜夢神人攜籃而至，見到他便說道：「你的形相不薄，只可惜鼻曲而小，我的籃子裏面載滿了鼻，你自己揀一個，我跟你換上。」

徐某聞言，揭開竹籃，見果然載滿了鼻，左揀右揀，揀了一個自己認為最好看的鼻，呈給神人，那神人卻笑道：「你怎麼會揀上個郎中鼻，我滿籃執宰大官的鼻你都不揀！」說已，替他換上，徐某醒來，果然鼻形改變，而終生亦官至郎中即止。

這種夢境，占夢的人稱之為「如夢」，不煩更作別解。

齊代的沈約，創作律詩，精通音韻，為一代文士。一夜他忽得一夢，夢齊和帝用劍來割斷他的舌頭。翌晨，他急召術士來詳夢，術士說：「如夢！」沈約因此憂懼，未幾即死。然而至死卻未為和帝割舌，那就真的可以說是給術士嚇死了。

顧琮犯罪入獄，形勢危急，他的政敵定欲置他於死地。忽一夜，他夢見自己母親露出下體，於是自慶幸曰：「母親的下體即是我的生路，我可以出生天了。」於是從容應對，不肯屈服，終蒙天子赦免。這便是憑「如夢」來剋服自己的心理恐懼。

曹操晚年，時時夢見三馬同槽而食，心生疑慮。一日對司馬懿說起自己的夢，司馬懿說：「防理自多，無為橫慮。」即是叫他只須小心行事，不必多所疑忌，曹操點頭稱是。

然而卻真可以說是聰明一世，糊塗一時，曹操卻未省悟到「三馬」即是司馬懿、司馬昭、司馬炎三父子，「同槽而食」即是侵佔曹家的天下。結果纂漢不已，卻又給司馬家纂位，而且晉代的國祚遠比魏代要長。

《西京雜記》記有一女子，數度受聘，而未嫁即死丈夫，鄰里的人都以為此女子剋夫，女子自然亦為自己擔憂。一夜忽得一夢，夢中有人對她說：「田頭有鹿角，田尾有日灸，那才是你的丈夫。」未幾，有姓曾的人來下聘，女人才醒悟夢境，「曾」字即是「田頭有鹿角，田尾有日灸」，請父母許婚，後來果然無事，嫁夫曾崇範，尋且貴顯。

《青箱雜記》說李迪有一臉鬍鬚，於考試前夕，忽然夢見鬍鬚給人剃光，以為不祥，然而卻中了狀元。他才悟道，剃鬚京師人稱為「剃髭」。前科狀元是劉滋，這次自己中狀元是「替滋」也。

這樣的夢，占夢雖然「如夢」，但是在事情未發生前卻不可能悟到，必待事後才知是「如夢」的夢。

夢的別解

有些夢境，不能按一般常理來占斷，必須要作別解然後始能得準確。

唐代的孫屋夜得一夢，見有木材數百根堆積在地上，他則逐步跨上，居於木堆之頂。這個夢如果依《夢書》來占，因為只有「夢見林中大吉利」、「夢見樹木，大吉」、「夢見樹木死者，大衰」、「夢見柴木在堂，大凶」等數條可以參考，無一說中夢境，其中只有「夢見柴木在堂」一條比較貼切，可是卻未說及跨上木堆所主吉凶。

孫屋自己詳夢，卻說自己可以得中狀元。為什麼呢？因為夢境是「居眾材之上」。這樣來詳，甚為合理，而孫屋亦果然得中狀元。

差不多的故事，為袁郭應舉子試，夜夢立於北斗星下，結果中第七名及第，恰符北斗七星所兆。

這樣的夢不能視為巧合，亦不能說是「日有所思，夜有所夢」，因為他們事前決沒有可能在潛意識中，有夢境般的意象。然則怎樣去解釋這些夢境呢？心理學家或者自有說詞，但王亭之卻認為這正是夢境的神秘，恐怕尚非目前的科學所能解釋。

至於有些報冤的夢，那就更可怕了。我們亦不妨看一看這些故事，然後自己找尋作夢的依據。

《後漢書》有一個故事，說漢靈帝登上帝位之後，竟將宋皇后殺死。當時事涉大臣與宦官爭權，史稱「黨錮之禍」。

不久，靈帝便夢見他的父親桓帝，責怪他不該殺死宋皇后。如今宋皇后上訴天庭，天帝震怒。靈帝夢醒，問左右如何應付，左右勸他安撫冤魂，封她的兄弟為官，靈帝不肯，於是不久便暴斃。

另一個故事說，六朝時的宋廢帝荒淫無度，在宮中時常命宮女裸體，群相追逐為戲。然而有一次，有一宮女竟寧死都不肯裸體，廢帝便殺了她。

是夜，宋廢帝得一夢，見被殺的宮女罵他，醒來之後，他不但不害怕，還找一個相貌跟被殺者相似的宮女出來，無緣無故就把她殺掉。

到了晚上，廢帝又得一夢，夢見無辜被殺的宮女對他說，要上訴天庭以求伸冤。後來過了幾個月，他果然就被蕭道成所殺，改立順帝。當時的人認為，他殺第一個宮女還可以說是因為她抗命，然而殺第二個宮女，卻實在沒有理由，無非只是想向鬼魂示威，因此宮女上訴天庭，廢帝便遭天譴。

真的夢魂迷離，莫可究詰。

偽託夢境的故事

然而有些歷史故事，卻顯然是偽造夢境。

如元太祖的十世祖孛端叉兒，其母阿蘭果火原是一個寡婦，寡婦懷孕見不得人，於是便說她夜夢白光透窗而入，化為金色神人，跟她交合，如是即便懷孕產子——這種說法，分明是後人發達，然後編造故事為先人遮羞。

又如《晉書》記載，苻健入關之後，忽夢有朱衣使者來，命他封兒子苻堅為「龍驤將軍」。苻健於是設壇拜將，並且公開說：「你的祖父曾授此職，如今夢中神明所命，又授汝此職。」一時三軍歡呼，苻堅從此即統領前秦兵馬——這宗故事，亦很顯然是苻健為了交軍權給兒子，可是卻恐怕他祖父苻洪的舊部不服，是故託夢拜將，便顯得順理成章。夢難稽考真偽，託諸神人則易服軍心，不失為一條好計。

又如崇信道家的隋代宰相崔浩，為了更改曆法，向皇帝上《五寅元曆表》，便上奏章云：「乃夢與鬼爭義，遂得周公孔子之要術。」其實周公與孔子都不懂曆法，崔浩分明是託夢說鬼話來騙皇帝。

甚至楚襄王夢巫山神女侍寢席，告別時且賦曰：「朝為行雲，暮為行雨，朝朝暮暮，陽台之下。」此中亦必別有情事，非如做夢的人所言。

最奇妙的是《晉書》中載顏幾託夢的故事。

顏幾得病就醫，豈料卻死於醫生家中，家人於是備喪具往醫家迎喪。只是迎喪用的招魂旛卻三番數次繞着醫家門前一株樹，眾人驚奇不已。

是夜，顏妻忽得一夢，夢見丈夫對她說：「我實未死，急開棺，我可復生。」顏妻醒來想喊醒家人商量，誰知家人都已夢醒，原來人人都得同一個夢。家人於是立刻開棺，顏幾果然未死。

這便真可以說是無可解釋了，只能說是生魂託夢。及至開棺，生魂便回身體，由是得以復活。此事見於正史，所以相當可靠，因為正史決不會為這類小事造謠。

此外《宋史》亦記龔明的故事。

龔明童年便喪雙親，由祖母李氏撫養。其時李氏已老，忽夢一綠袍判官對她說：「與汝七十七歲。」

其後龔明已成長，祖母李氏於七十七歲那年果得重病。龔明以未報撫育之恩，便焚香祈禱，求減自己五年壽算來延祖母之壽。李氏果然病癒，過五年才去世。

這樣的夢，涉及鬼神，真可謂神奇，然而對此如何解釋，則亦夢之。

謠讖篇

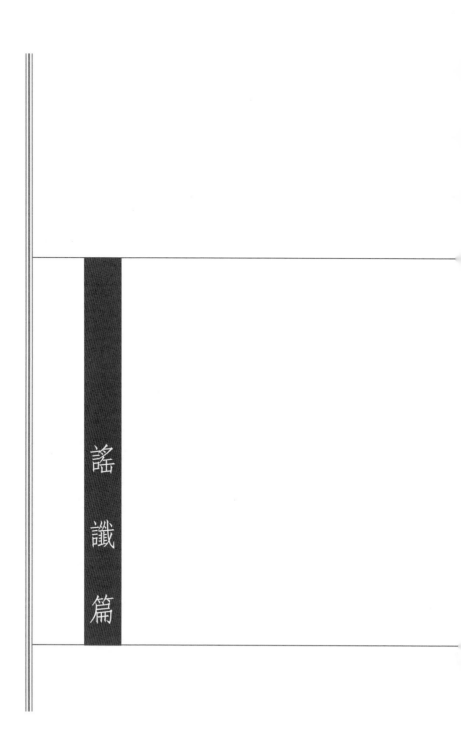

神奇的謠讖與圖讖

由占夢，王亭之聯想到謠讖——如今最流行的謠讖之書，即是《推背圖》，因此決定一談謠讖。

謠讖跟占夢有什麼關係呢？原來它們有一點相同，即是都屬「事後應驗」。蓋古代許多傳下來的占夢故事，無非都屬事後的解釋耳，這就跟今人看《推背圖》一樣，事前夢之，左猜右度，可是事後就人人都是諸葛亮了。

什麼叫做謠？據《左傳》，有音樂伴着來唱的叫做「歌」，無樂清唱則謂之「謠」。所以謠即是民間口頭唱的詩歌。古人認為，有一些民謠可以預言歷史。

什麼叫做讖？據顏師古注《後漢書》的說法，稱之為「符命之書」，也即是「王者受命的徵驗」。

因此「謠讖」便是用詩歌形式唱出來的歷史預言，既預言朝代的更迭，亦預言一些重要的歷史事件──所以除了「謠讖」，還有「圖讖」，像《推背圖》即便兩種都具備。

如今留下來的古代圖讖已經不多，而謠讖則不斷出現。如國內，近年即有「江河日下」的謠讖。

有些謠讖，並不在民間流播，只出於當事人自己，於是人即稱之為「自讖」。像《本事詩》中便有一個很著名的故事──

唐崔曙於進士及第之後，奉詔作「明堂火珠」詩。其中有兩句道：「夜來雙月滿，曙後一星孤」。這是將月和星來比喻火珠。詩的意象平平，亦無什麼人留意。

可是後來崔曙逝世，只留下一女，名叫星星。人們便說，這就是「曙後一星孤」了。此即崔曙當年的自讖。

有些謠讖則屬有意製作，用以達到政治的目的。如武則天時駱賓王欲作反，他想拉攏中書令裴炎，因便作了一首謠讖，令人傳唱，不久即傳遍京師。謠讖曰：「一片火，兩片火，緋衣小兒當殿坐」。裴炎聽了，大喜，於是主動連絡駱賓王。駱賓王還故意問道：「但不知謠讖如何耳？」裴炎即以謠讖告之，於是二人的反謀便定。

有些謠讖則純粹來自兒歌。例如抗日戰爭爆發前，廣州忽然流行兩句民歌：「個個孭個袋，唔孭唔自在」。後來逃難的人，真的人人背着一個帆布袋，由廣州逃往四鄉。這樣的謠讖才是正式的謠讖，因為此絕非有意製作，純粹是兒童信口唱出。當時不以為意，事後才恍然其為預言。

周人最重謠讖

重視謠讖，原是周人的傳統。是故《周語》中便說：「風聽臚言於市，辨妖祥於謠」。這即是說，聽老百姓的談話，可以知道政治的得失，聽民謠兒歌，可以知道吉凶的預兆。

夏商周三代，周人最迷信，也最敬重天。因此相信謠讖，原是很自然的事。

在紂王時代，流行一句民謠：「殷惑妲己玉馬走」。這是說紂王失去他的玉馬，原因即是寵幸妲己，此即所謂「辨妖祥」的「妖」。

同時又流行兩句謠讖：「代殷者姬昌，日衣青光」。姬昌即是周文王的名字。謠讖居然說得這麼坦白，不能令人無疑。很可能這些謠讖都是周人的製作，用以影響人心。

不過到了周宣王時，突然流行兩句謠讖：「檿弧箕服，實亡周國」。當時的人不知其解。後來周幽王繼位，納褒姒為妃，甚為寵幸，她生子之後，幽王索性將皇后及太子廢去，立她為皇后，她所生的兒子為太子。後來西狄人攻進京師，幽王被殺，褒姒與太子同為狄人所虜。那時，人們才悟出「檿弧箕服」，是指弓與箭袋，而褒姒則正出身於以射獵為生的部落。這兩句謠讖，出現了十年之後才應驗，是真可謂神秘，很難解釋這個現象。

周人重視謠讖，原來他們認為是上天給人的告誡。他們有一套理論，說五星失位之時，其精即降於大地，化為人形。其中熒惑一星則化為兒童，歌謠嬉戲，而其所歌即是吉凶的預兆，因此非重視不可。

這個觀念一直維持到晉代。因為人們覺得小孩子不識文辭，一定是神人附在他們身上，他們才會唱出謠歌，是故凡兒歌童謠，都正是老天爺警告世人妖祥的謠讖。

後來到了晉代，在《晉書》居然出現一個故事，說孫吳永安三年，一群大臣的兒子正在嬉戲，忽然間有一小兒來歌曰：「三公鋤，司馬如」。數唱之後，說道：「我不是人，是熒惑星也。」說罷，化為光華上升天際。

這件事發生之後四年，蜀國亡；六年而魏帝被廢；二十一年而吳國滅，是即「三公鋤」。至於「司馬如」，則指司馬氏之興。可是到了晉恭帝元熙二年，他亦被劉裕所廢，恰如司馬炎之廢魏蜀吳三主。

連稱為正史的《晉書》都有此記載，足以證明熒惑為謠讖這個觀念，已為當時的儒家所接受。因為儒家自董仲舒之後，已經建立了根深蒂固的「天人感應」思想，所以便能接受熒惑謠讖之說。

漢成帝時的「政評」謠讖

有一些歷史上的謠讖，可以當做政治評論來看。例如——

漢成帝時流行一首童謠「燕燕尾涎涎，張公子，時相見。木門倉琅琅。燕飛來，啄皇孫，皇孫死，燕啄矢。」

這個成帝好微服出行，他的幸臣是富平侯張放。每次出行，成帝便扮作張放的家人，稱張放為張公子。

有一次他到河陽公主家中，飲酒作樂，見到舞伎趙飛燕，於是納之為妃，從此寵幸。

這就是「燕燕尾涎涎，張公子，時相見」了。

後來立趙飛燕為皇后，趙氏因此貴顯，原本寒微之家，忽地門上裝上金環，那就是「木門倉琅琅」。

趙飛燕雖受寵幸，卻不育，然而她卻妒怨後宮的宮人生子，凡後宮皇子一生下來便給她害死。這就是「燕飛來，啄皇孫」了。後來趙飛燕亦給定罪伏死，這便即是「皇孫死，燕啄矢」了。

然而這首民謠雖然說是流行於漢成帝初登位之年，但王亭之卻懷疑它實在是民間對「趙飛燕事件」的政治評論。趙飛燕立為皇后之後，後宮皇子生下來就必死，當時此事必轟動朝野，由是有此「政治評論」，預言趙飛燕一定也會因之而死。

讖變成方術

由漢代起，便有一批專門解釋讖的方士興起，於是讖即便成為方術。這些方士，精通天文、風角、推步，即是要懂得點天文學、氣象學、曆算學，然後才能用之以解釋讖。傳世的《京氏易》，即集天文曆算的大成，由是可窺當時治學的風尚。

這些方士，運氣好的可以給皇帝徵召，從此平步青雲，終身俸祿。差一點的，亦為王公大臣所供養。

他們自己也製造讖作為預言。例如王莽時的衛將軍王涉便養着一個道士，名叫西門君惠，精於天文讖緯。他對王涉說：「星孛掃宮室，劉氏當復興」。又說：「國師公姓名是也。」國師公是劉歆，西門君惠想王涉協助劉歆反王莽。假如成功，這個國師公便應該是他了。

直到南北朝，這種風氣依然繼續。例如齊梁間的道士陶弘景，瞧準蕭衍當興，其時蕭衍封為梁王，他便解圖讖道：「水王木為梁字，梁王當興。」——他所解的圖讖至今已不傳世，應該像《推背圖》一樣，以水木為圖中的形象。

陶弘景運氣好，蕭衍後來果然稱帝，他雖然依舊住山，卻有「山中宰相」之稱，比西門君惠幸運得多。

宋明帝自造謠讖

有時，連一國之主都會自造謠讖，以求達到政治目的。

劉宋明帝因諸皇子皆年幼，恐怕自己身後會給重臣造反，於是便以「不能奉幼主」為題目，誅殺了幾位將軍。

然而有兩個人他卻不敢動。一個是國舅王景文，一個是宿將張永。特別是王景文。若一旦幼主臨朝，皇后聽政，一定會用自己的兄弟為宰相，因此就容易「不為純臣」。

於是明帝便自造謠讖曰：「一士不可親，弓長射殺人。」前一句「一士」意指王景文，後一句「弓長」意指張永。

謠讖既流入民間，王景文聞謠驚懼，乃自行上表，要求離開京師，到揚州去居住，明帝立刻答允。

然而不久明帝病篤，卻依然遣使送毒藥，賜死王景文。

至於張永，由於他年紀已老，總算放他一馬。可是後來明帝的兒子劉昱，卻只做了四年皇帝，便為蕭道成所殺，改立他另一個兒子劉準為帝。不過劉準也只前後做了兩年皇帝，便為蕭道成篡位，改國號為齊。

這時，若外戚王景文與諸元老重臣尚在，一定輪不到蕭道成連續對付兩個皇帝，是故明帝是自造謠讖，亦可以說是看走了眼，因而自食其果。

桓玄造謠起家亦因謠被殺

有些事情非常奇妙，可以說是報應不爽，以謠讖起家的人，亦因謠讖而死。例如晉代的桓玄。

桓玄為桓溫之子，秉承父蔭，加上他也的確有學問，是故便成為一時的「人望」，用現代話，即是人氣急升。他出任義興太守，雖領一邑，卻嫌官小，居然棄官而去。

後來王愉令其代江州刺史，殷仲堪等人擁護他，於是一時聲勢顯赫，以至領八州軍事，幾乎總領全國兵馬。這時，他卻要去對付殷仲堪了。於是造謠讖曰：「芒籠目，繩縛腹，殷當敗，桓當復。」

謠讖既流行，桓玄的士兵人人都相信會打勝仗，而殷仲堪卻士氣不振。交戰結果自然是桓玄大勝，於是搶了殷氏地盤，為江州荊州二州刺史。

桓玄勢大之後，揮軍入京，殺了會稽王世子，自封太尉，用天子旌旂。不少人便慫恿他謀朝簒位。桓玄果然聽計，便廢晉安帝自立為皇帝。然而他的皇帝卻只做了前後三年，即為劉裕所敗被殺，安帝復位。

劉裕興兵時為五月，於是造謠讖曰：「草生及馬腹，烏啄桓玄目。」五月為馬（午屬馬），這分明亦是為了振奮士氣而造謠。桓玄造謠起家至失敗，不過前後六年。

北齊的謠讖

我國南北朝時代，可以稱為軍閥混戰時代。這個時期，有不少預言世事的謠讖。現在先談幾則六世紀中葉關於北齊的謠讖。

北齊的開國君主名高洋，原是東魏的大臣，廢東魏孝靜帝自立。其時早已流行一首謠讖曰：「馬子入石室，三千六百日」。

原來高洋生於午年，午的生肖為馬，故稱為馬子。

其時政府的辦公重地，正為賣國賊石敬塘當年所用之所。這個石敬塘，引契丹兵滅後唐，割燕雲十六州用以酬謝，並奉契丹為父，自稱兒皇帝，人之無恥，莫有更甚之者矣。因此他的舊居人便稱之為石室。

高洋為帝，果然十年便終，恰符三千六百日之數。

與此同時，西域人陸法和入北齊。忽於其住宅牆上題一謠讖曰：「十年天子為尚可，百日天子急如火，周年天子迭代坐。」

原來這謠讖正預言高洋三代皇帝的年數。十年天子指高洋。高洋死後，其子高殷立，然而才做了四個月不到的皇帝，便被常山王高演所廢，史稱為北齊廢帝，這就是「百日天子急如火」了。不過高演在位，才做了一年前後便病死，這即是「周年天子」。

這樣的謠讖確有預言的性質，難怪就會發展成為《推背圖》這一類的預言書。

關於北齊廢帝，他做皇帝雖然只做了前後四個月，卻有一個很有趣的童謠與他大有關係，而事前卻無人能解。

他登位前幾個月，忽然流行一首童謠道：「阿麼姑禍也，道人姑夫死也」。京師中滿街兒童都在唱這兩句歌謠。

及至廢帝被殺，他的皇后改嫁楊愔，人們才能解釋這首童謠。原來他的皇后出身尼姑，當時方言，稱尼姑為「阿麼姑」。廢帝為王子時到尼菴拜佛，居然看中了一個小尼姑，便命她還俗，然後納為王妃。及至登位，竟然冊封她做皇后，廢棄原來的正室。

至於楊愔，曾經做過道士。皇后改嫁給他，廢帝便成為「道人姑夫」。（道人老婆的丈夫，真是一塌糊塗！）

這首童謠真可謂奇驗，然而事前又有誰人能解釋明白呢？

此外還有一首童謠：「千里買藥園，中有芙蓉樹。破家不分明，蓮子隨他去。」北齊廢帝死後，皇后帶着他的兒子去改嫁楊愔，愔諧音暗，是即所謂「不分明」，「蓮子」也就是「連子」。皇后改嫁已經是悲劇，還要「連子隨他去」，那就當然是大悲劇。

然而謠讖之耐人尋味，卻亦正在於它的預言力量。

隋煬帝的詩讖

有些謠讖的出處甚為奇特，它為當事人所自作，卻預兆着對當事人不利的事件，可是在當時卻非當事人所知。這些謠讖，即所謂「詩讖」、「語讖」。

最著名的詩讖，出自隋煬帝之手。他開鑿運河，乘鳳舫下揚州，一日忽得一詩曰：「三月三日到江頭，正見鯉魚波上游。意欲持鈎往撩取，恐是蛟龍還復休。」此詩甚劣，然而煬帝卻交付樂工，令隨行的宮女合唱，煬帝聞歌甚為得意，然而識者卻已暗訝為不祥。蓋當時李淵已漸成勢，鯉李二字同音，是故詩意有李淵化龍之意。

此外，煬帝又曾作索酒歌曰：「宮木陰濃燕子飛，興衰自古漫成悲。他日迷樓更好景，宮中吐焰奕紅輝。」

這首詩簡直不能稱之為詩，因為全詩不但缺乏理路，而且毫無意象，甚至跟「索酒」的主題都了無關係。可是煬帝每在迷樓飲酒作樂，必令宮人唱此歌，他自己似乎很欣賞自己的歪詩。

及至後來，李淵大兵攻入京師，煬帝躲入迷樓自殺，唐兵將迷樓付諸一炬，那就應了詩的後兩句。

詩讖之類，可以說是氣機感應所致，是故不能說為迷信。

誌公和尚的讖謠

還有更奇妙的事，是一首讖謠要經過幾百年才能得到解釋。

西元六世紀初，梁武帝蕭衍立國，國號為梁。他做了四十八年皇帝，崇奉佛教，其時不少西域高僧來華，梁武帝都為施主。

他曾經供奉過一位寶誌，稱之為誌公。這誌公具神通變化。梁武帝要為他畫像，誌公不肯，於是派高手畫師去見他，企圖靠畫師的記憶來造像，然而亦不成功，因為畫師但見其面貌變化多端，忽老忽少，忽美忽醜，簡直不知道應該記哪一個面貌才是他的面目。

這個誌公對後世興衰作了不少讖謠，最奇妙的一首是：「兩角女子綠衣裳，卻背太行邀君皇。一止之月必消亡。」

這首讖謠，直至二百餘年後唐玄宗之世，時人方才得解。其時安祿山作亂，「兩角女子」

便是「安」字，「綠衣裳」藏「祿」字，「卻背太行」，即是暗藏「太行山」的「山」字，安祿山於西元七五五年天寶十四年作亂，至西元七五七年至德二年正月被殺。

我國歷史預言詩的興起，即是受誌公謠讖的影響而來，也可以說，它直接影響到《推背圖》一類預言的製作。由是，謠讖便跟方術發生了直接的關係。

魏太武帝因謠受辱

有些童謠，居然可以影響到重大的政治事件。例如魏太武帝拓拔燾於西元四五〇年庚寅，既殺司徒崔浩，且盡誅其族人，於是乃親自引兵攻汝南苻堅。

大軍過廣陵，太武帝向廣陵太守臧質求酒，十分客氣。可是臧質卻令人送他幾罎小便，還寫一封信答覆他道：「不聞童謠耶？虜馬飲江水，佛狸死卯年。冥期使然，非復人事。」

佛狸是太武帝的乳名，臧質據童謠謂其死在明年，太武帝氣得一佛出世，二佛升天，然而卻又奈何他不得。

第二年辛卯，太武帝無事，正以為童謠無驗，然而才過兩個月，即是第三年壬辰二月，他便為宗愛所殺，另立南安王為帝。到了十月，宗愛又殺南安王，再立文成帝。文成帝一登基，立刻就殺了宗愛。一個月內，一君一臣相繼而死。

然而，太武帝的死期，卻只比童謠遲了兩個月。南朝的臧質竟然有膽據童謠來羞辱他，真可謂行僥弄險。若太武帝不為宗愛所殺，他極可能引兵攻廣陵來報復。

後來北魏的國運，遠比南朝的劉宋為長，只是接下來的幾代君主都信佛，而且國內權力鬥爭日急，是故才無暇揮軍南侵耳。

劉宋王子年的讖謠

南北朝劉宋末年，北方的北魏固然君臣相殺，南朝劉宋亦好不了多少，文帝晚年被太子所弒，太子又被弟弟殺死。這位弟弟登基，死後傳位給其子劉子業，然而卻只做了幾個月皇帝，便又被殺，真的是皇帝有如走馬燈。

這時候，方士王子年便作了一首讖謠道：

「欲知其姓草肅肅，穀中最細低頭熟，鱗身甲體永興福。」

讖謠唱了三年，蕭道成便殺了後廢帝劉昱，改立順帝劉準。劉準做了前後兩年皇帝，終於又被蕭道成所殺，立國號為齊。

王子年的讖謠「草肅肅」，自然是「蕭」字。「穀中最細」是五穀中排名最末的「稷」，借用以指「社稷」，即是「天下」。「低頭」是「道」字（頭為「首」），「熟」即是

「成」，因為秋熟亦稱秋成。至於說「鱗身甲體」，即謂蕭道成登天子位，天子為「龍」。

王子年這位方士所作的謠讖，可謂奇驗。然而亦有史學家認為，他是瞧準了當時劉宋的形勢，知道蕭道成一定得勢，而且有不臣之心，因此才寫這首謠讖。

因為蕭道成登基才不過四年便死，而且第三代皇帝被廢，被叔叔蕭鸞篡位，蕭鸞的兒子蕭寶卷亦被廢，是則焉能稱為「永興福」耶？

足見王子年的預言有問題。

北齊末年的童謠

西元六世紀中葉，我國北方的北齊亦天下大亂。傳至後主高緯，這二世祖不知國勢已危，還迷頭迷腦玩木偶戲，不但自己雕刻木偶，還親自上場搬弄。

高緯喜歡玩雕成老人形的木偶，對人稱之為「郭公」，於是都城中便有謠讖唱道——

「邯鄲郭公九十九，伎倆漸盡入滕口。大兒緣高崗，稚子東南走。不信吾言時，但看歲在酉。」

這高緯在西元五六五年乙酉登位，前後十三年，至西元五七七年丁酉，高緯傳位於幼子高恆，想做太上皇享清福，然而就在這年，北齊便為北周宇文氏所滅。幼主高恆逃走，高緯的長子逃走入山被捕。

這樣一來，就真的應了謠讖，不但年份應，連人事都應。是則這類謠讖便真的比方士王子年所作者，要高明得多了。

另外北齊末年還有一首童謠：「金作掃帚玉作把，淨掃殿屋迎西家。」西家者，即指北周，因為當時北周宇文氏的疆土，正在北齊高氏領域的西方。其初，北齊的勢力比北周要強盛，兩國數度交鋒，周師都為齊師所破。無奈北齊後主高緯但求享樂，而且生活豪奢，後來才為北周所乘，不過這首童謠，卻亦可以當成「政論」。

有關科闈的謠讖

從前的人很相信科名由神鬼主宰，是故便傳有許多科闈冤鬼報仇，或鬼魂報恩的故事。同時認定士子之中與不中，皆有天意。於是歷史上便有一些關於科名的謠讖。

明正統年間，於戊辰年會試後，京師士大夫都聽到一首童謠，謠曰：「眾人知不知，今年狀元是彭時」。由於童謠宣揚得太厲害，大家便都等着發榜，看結果如何。

及至榜發，彭時果然高中狀元。

又如明萬曆壬子年，山東鄉試期間，濟南府忽然流行兩句童謠道：「三人兩小，太陽離島」。當時不得其解。

及鄉榜發，第一名解元徐海曙，字日升，眾人始知童謠奇驗。因為「三人兩小」正是「徐」字，「太陽離島」便是「海曙」、「日升」。姓名表字無一不合。

可是童謠亦因此而有假的。

清代有一個秀才翟永齡想赴南京參加會試，可是缺乏盤川，於是便買棗子數十斛，每過街市，便呼集街童，人人分一捧棗，卻教他們唱道：「不要輕，不要輕，今年解元翟永齡。」童謠流行後，有人信以為真，便去拜訪翟永齡托大腳，且以高價買他的棗子。翟永齡於是籌足旅費。可是這科解元卻另有其人。

唐代裴度造謠平淮西

製造謠言的伎倆，有時亦用於軍事。

唐代吳元濟據淮西作反，朝廷命裴度發兵征伐。由於吳元濟聲勢浩大，官兵心怯。裴度於是祭天，主壇的道士稟報裴度，說有徵兆，請發掘某地。裴度便令士兵發掘，掘至尋丈，得一石碑，上有謠讖曰——

「井底一竿竹，竹色深深綠。雞未肥，酒未熟。障車兒郎且須縮。」

謠讖流傳出來，眾人莫得其解，乃有方士向裴度上書解曰：「雞未肥，肥去月，乃己字；酒未熟，酒去水，乃酉字。」於是斷定吳元濟必敗，期為「己酉」。

當時方士之意，殆指第二年八月。

因為第二年歲次丁酉，可是八月的干支卻是己酉。然而謠讖中其餘各句卻未得解也。不過當時的人卻也不追究許多。裴度於是乘機令李愬領兵征淮西，李愬卻揀一個己酉日偷襲，一戰成功，生擒吳元濟，淮西之亂乃平。

這宗事件，是裴度出術，利用天示謠讖來振奮士氣，蓋其時朝廷早已積弱，經過安祿山、史思明、李懷仙等節度使先後作亂，朝廷元氣早已大傷，若不能一舉破淮西，吳元濟便將坐大，於是便用謠讖來鼓舞士氣，以期收功。果然如其所願，裴度真不愧為名相。

有關五代劉知俊的謠讖

晚唐朱全忠弒昭宣帝，即位大梁，改年號為開平，由是即展開了五代的歷史，唐皇朝經亂如麻之後終於覆亡。這時候，謠言迭興，有些謠讖且為坊本《推背圖》改頭換面取用，由是足證坊本之偽，蓋焉有唐初的李淳風，能用到唐滅後的謠言者耶？

且說朱全忠開國後梁，馬上便封王安撫地方勢力，封錢鏐為吳越王，馬殷為楚王，王建為蜀王。

王建有一手下，名劉知俊，他起初侍朱全忠為臣，甚得朱全忠信任。及至王建稱帝，建國號為蜀，劉知俊卻投奔王建，告以朱全忠的虛實，因此甚得王建寵信。

不過劉知俊此人卻不識收斂鋒芒，時時盛氣凌人，連王建都忌他三分。那時，蜀國京師便忽然流行一句謠讖：「黑牛出圈棕繩斷」。

此謠傳到王建耳中，十分不是味道。因為劉知俊丑年出生，屬牛，人又生得黝黑，一提到「黑牛」，馬上便令人聯想到他。王建的兒子輩，以「宗」字為排行：他的孫輩，以「承」字為排行。「棕繩斷」，便即是說王建的子孫都為「黑牛」所害。以此王建殺劉知俊之意便決。

這便是政治鬥爭的一次謠讖事件。

關於五代初年的劉知俊，還有兩則謠讖。一則跟前述的「黑牛出圈棕繩斷」差不多，曰：「黑牛無繫絆，棕繩一時斷」，此不過是前一句謠言的改寫本。

劉知俊叛梁，在庚午年，被王建所殺，乃在戊寅年，離其背叛朱全忠前後九年。

大概在他被殺前三年，陝西雲貴一帶忽然出現竹鼠之災。這種竹鼠土名為「貓」，本來屬於稀有動物。可是這兩年卻忽然遍地皆是。咬破人家的門戶，入內偷吃。竹鼠的肉清甜，且有竹香，居民因此設法捕捉，大快口腹之慾。然而門窗牆垣卻破壞不少。

那時候，當地便流行一首謠讖：「貓貓引黑牛，天差不自由，但看戊寅歲，揚在蜀江頭。」意思是說，這竹鼠的出現，會引發黑牛劉知俊的叛變。而叛變之期則在戊寅年。王建的手下近臣，馬上將這流行於鄰區的謠讖報知，且秘密呈進方士的圖讖。王建由是佈置在成都殺劉知俊。

殺劉知俊後，又依術士之議，將他的屍首削肉餵狗，然後將其骨舂成粉，灑在蜀江江中，以應「揚在蜀江頭」之讖。政治鬥爭的怨毒，可以乘謠讖之力發洩，既殺政敵，還要挫骨揚灰，真可謂怨毒太深。

寶誌預言五百年後事

有兩首謠讖關於南唐後主李煜，可謂奇準。

在後周廣順初年，江南伏龜山忽然有大石崩圮，石下有一石函，其中有鐵板上刻銘文，大略說天監十四年秋，葬寶公。寶公嘗誦此偈，並將偈寫在木板上，用布蓋好，有人想看，非布施數錢不得讀。

當時名士皆不得其解，問之，則曰是五百年後事。因葬寶公，故並鑄其偈同葬。

天監是南北朝時梁武帝的年號。天監十四年即是西元五一五年。發掘此石函時，為五代後周太祖，年號廣順。廣順年號只有三年，由西元九五一年至九五三年。距石函四百五十年。南唐之亡，為宋太祖開寶八年，即西元九七五年，近五百年之數。

至於寶公，即是誌公，為梁武帝時的高僧，法號寶誌。世傳其能神通變化，生平又喜誦謠讖預言世事，上文已介紹過他預言安祿山作亂的謠讖，實開釋道二家作世事預言的先河。

繼寶誌之後，蜀地有一掃地和尚，一邊掃地一邊唱：「水行仙，怕秦川」。其後秦川王衍作亂，人們才知道「水行仙」即是「衍」字。此即釋家預言風氣之例。

寶誌關於李後主的預言，全文如下——

「莫問江南事，江南事有憑。乘雞登寶位，跨犬出金陵。子建司南位，安仁秉夜燈。東鄰家道闕，隨虎遇明興。」

後主李煜生於丁酉年，二十一歲辛酉年登位，這便是「乘雞登寶位」了。

宋太祖開寶八年甲戌，宋將曹彬破金陵，南唐覆亡，李後主及小周后被押入京師。這便是「跨犬出金陵」。

謠讖中的「子建」，隱含曹彬的姓；「安仁」，隱含南唐賣國賊潘美的姓。因為曹子建與潘安仁都是晉代的名人，距寶誌的年代不遠，故謠讖便借其名來作預言。

南唐滅亡後四年，即太平興國戊寅年，吳越王錢俶入朝請降。吳越便是南唐的東鄰，此即所謂「東鄰家道闕」也。因為「家道闕」（家道貧窮）便是「無錢」。

至於謠讖中所說的「隨虎遇明輿」，正指宋太宗於戊寅年統一天下。太宗名「光義」，所以謠讖說是「明輿」，明即是光。後來太宗改名「炅」，亦與「明」意合。

這首謠讖，寫於五百年前，於事前二十五年發掘出來，因此不可能是事後偽造，因為當石函鐵銘被發掘出時，便已有人著錄也。

有關李後主的謠讖

關於李後主另一首謠讖，於後主初登位時在江南流傳。謠讖說——

「索得娘來忘卻家，後園桃李不生花。豬兒狗兒多死盡，養得貓兒患赤瘕。」

李後主風流國君，既立周后，又跟小姨相好，甚至公然填詞令宮中歌唱，說自己跟小姨幽會之情。「踐襪步香階，手提金縷鞋」，「奴為出來難，教郎恣意憐」，國主居然偷情，真可謂風流倜儻。

後來立小姨為后，即所謂小周后。亦即謠讖之所言「索得娘來忘了家」也。蓋江南人稱后為娘，如今廣府話也把皇后叫做娘娘。

「忘了家」，即是「亡了家」。因為李後主立小周后不久便即亡國，兼且破家。

「後園桃李」句，指「李」滅亡，亦指其絕嗣。後主於甲戌年投降，解入京師，翌年被毒死。是其國破人亡於戊寅年也。故謠讖云：「豬兒狗兒多死盡」。

「貓兒患赤瘕」是貓有眼病，有眼病則不見鼠，是謂李後主不見丙子鼠年。

這樣的謠讖，預言力亦甚強，而於事前卻頗難解。後來《推背圖》便全用這樣的文體來預言世事，那就是方士謠讖之術達到頂峰時期的製作。

「鑾鋹」破國之謠

五代時，劉鋹據廣南，以廣州為首都。此人暴戾，故人稱之「鑾鋹」。這句口語如今尚保存在廣府話中，歷時蓋已千年。

劉鋹在廣州留下不少遺迹。他的宮人沿流花河建宮室而居。宮人整妝時，將花擲入河裏，是故稱為「流花」。

他於荔枝熟時，在荔枝灣設宴，稱為「紅雲宴」。在四十年代還存在的紫洞艇，便是照紅雲宴時所用的船來製造，前後艙遍懸珠簾，艇上掛滿鮮花籃，於夏天時，花籃用茉莉串織而成，其中盛玫瑰、薔薇之類，一河皆香，足見劉鋹之豪奢。那時候，玫瑰薔薇都稱為「玉雞頭」，那即是因為宴會時，用茉莉編串成雞，雞冠簪以玫瑰薔薇之故。

宋開寶初年，劉鋹下令民間置貯水桶，稱為「防火大桶」。當時有道者以為不祥，因為宋太祖號稱「赤孩兒」，應合火德。房宿又為宋的分野，「大桶」諧音「大統」，是宋統一天下之兆。

於是道者便作謠讖曰：「羊頭二四，白天雨至。」一時傳唱不知其解。

後來宋以辛未二月初四日擒劉鋹，未肖羊，那就是「羊頭二四」了。宋姓趙，即「天水趙氏」，雨便是天水。

這位道長，亦真可謂能預言。

元末流行的謠讖

謠讖既然偶驗，於是方士輩有時便用之為造反的號召。蓋歷代民間造反，多涉及異能與邪教。漢代的黃巾、晉代孫恩之亂，以至清末的義和拳無不如此。

其中生命力最強的是白蓮教，失敗後只須改個名堂，又依然可以秘密傳教，擴大勢力。如清末的「林清教案」，由白蓮教搖身一變而為八卦教，便可以勾結太監，攻打皇宮，足知邪教勢力的可怕也。

不過，歷史上每一次藉謠讖作亂，無不以失敗告終。所以邪教只能揚威一時，到底邪不勝正。

首先藉謠讖起事的人，是秦末的陳勝。他們派人在神祠中裝狐仙叫道：「大楚興，陳勝王」，於是便受其左右擁戴，揭竿稱王，國號張楚。不過陳勝雖然失敗，到底掀起了反秦的浪潮，而秦政苛暴，加上陳勝又未涉及邪教，所以這無非只是一次單純的起義。

然而到了元末，韓山童的紅巾軍反元，便涉及宗教了。

韓山童跟劉福通預先在修河工地上埋下一個獨眼石人，然後造謠說：「石人一隻眼，挑動黃河天下反。」當河工掘出獨眼石人時，韓劉兩人便發動造反。他們的背後勢力即是明教。

不過這兩句謠讖，卻無非抄唐末王仙芝的舊謠：「金色蝦蟆爭努眼，翻卻曹州天下反。」

至於元末朱元璋反元，當時河北及大理便先後有兩首童謠。

其一曰：「塔兒白，北人是主南人客。塔兒紅，南人來做主人公。」

其時反元的義師紛起，朱元璋的勢力較大，而一眾義師領袖，惟朱元璋為南人，所以這謠讖便認為應在他身上。他的軍師劉伯溫，便是在這謠讖流行後才加入。

另一謠讖則是：「莫道君為山海主，山海笑咳咳。園中花謝千萬朵，別有明主來。」

第四句，「明主」與朱元璋的「明軍」相應。

至於第三句，則為坊本《推背圖》，列為第二十六象。此象的讖是：「時無夜，市無米。花不花，賊四起。」

原來元順帝時的權臣內監多名「不花」，如也先不花、有求不花、徹里不花等等。其中一個太監名樸不花，為元順帝的皇后同鄉，皇后把他召進宮中，實未閹割，於是皇后太監二人如膠似漆，形影不離，再加上勾結權相，一時氣焰薰天。元末政治敗壞即緣於此。「花不花」，意思是花不開花，因此跟「園中花謝」大意相同，主音只在點出「不花」二字。

有人說，流行於大理的謠讖，為鐵冠道人所作。

鐵冠道人的《透天機》

鐵冠道人傳說是劉伯溫的師傅，隱居華山，他傳給劉伯溫的是「天文地理、奇門遁甲、陰陽順逆、星斗分野，並推測中華外夷一切吉凶及一萬五千年三元劫數」。

劉伯溫將後者紀錄下來，名之為《鐵冠樹》，又名之為《透天機》。也即是說，此實乃以一萬五千年為一單元的預言。從整個宇宙的生住異滅來看，一萬五千年無非只是一瞬，可是對人類來說，一萬五千年畢竟太過長久，所以《透天機》裏頭的預言，我們便只能將之看成為歷史的趨勢，而不是個別事件的預言。這就跟《燒餅歌》與《推背圖》不同。

這一類預言，每為術士託名，例如《燒餅歌》是否真的是劉伯溫的預言，《推背圖》是否真的是李淳風與袁天綱的預言，其實都無可稽考，只是出現愈早的預言，流傳後卻每多改動，這些改動或出於好事文人之手，或出於方術之士，改動的目的無非為了神化預言，使它更符合歷史事實。

然而《透天機》卻因為很少確指歷史事件，所以便反而避過了被改動的命運，能夠原裝保存下來。

王亭之相信，這預言至早流傳於清初，因此很可能是明末遺老所作。其中摻雜佛道兩家的思想。

《透天機》的預言架構為「三元」。可是它這「三元」，既不同於邵康節《皇極經世書》中「元會運世」的「元」，亦不同玄空家以二十年為一元的「元」。

《透天機》按「九宮」分上三元、中三元、下三元。以一萬五千年為一元。向下細分，一元分為五會，即一會為三千年；一會又分為六劫，因此一劫是五百年。

《透天機》有一悲觀思想，認為人類是一直墮落（此有如佛家所說的「減劫」），所以上三元「黃道為繞」、中三元「白道為繞」、下三元則「黑道為繞」——自有人類歷史以來，即已進入「黑道九宮」。所以人類歷史才會治少亂多，沒多少太平日子。

所謂「黑道九宮」卻又依照玄空家的說法，分為一白、二黑、三碧、四綠、五黃、六白、七赤、八白、九紫。

至於歷史演變的規律，《透天機》，雖然說是五百年為一劫，可是一劫五百年之中卻只有三百年能正應星運，餘下二百年則受天上其他星曜的影響，而影響者則多是凶星。

不過《透天機》作預言時，用的是劉伯溫問、鐵冠道人答的形式，因此便由劉之問，依然引發出許多謠讖。

首先要弄清歷史時刻，所以劉伯溫問鐵冠道人的第一個問題，便是：「今在何會之中，人之運氣如何？」

鐵冠道人答：「今在午時下刻，中中元紫道之會，不久人事變遷，第二十劫數。」

這裏需要解釋一下，《透天機》雖然表面上不用邵康節《皇極經世書》的「元會運世」時間單位，實際上卻受他很大的影響。

所以他雖然說目前人類是在「黑道九宮」之中，卻又將一宮（即是一元）又分為九宮，因此便有上上元、上中元、上下元……中中元、中下元，以及下上元、下中元以至下下元的分別。——這樣的九元，分配十二時辰，在元末，正走到離宮九紫，是為午時下刻。再走下去便是中宮五黃，依鐵冠道人的意思，朱元璋即應此運，基本上是順天應人的好運。所以道人說：「不久人事變遷，第二十劫數，該紫微臨凡，二十八宿降生。又有九星官掃除妖魔，開三百年一紀之數。」

這裏的所謂「一紀」，其實是指一代。明代國祚得二百七十餘年，說為三百年，是就大數而言。也即是前文所說，五百年中，有三百年是正運，餘二百年受凶星影響的劫運。

下面，鐵冠道人便具體說到世事，其中甚至有說及今日。

劉伯溫問鐵冠道人，「紫微降生何方？」鐵冠道人便用一大篇謠讖來答。現在，我們且將這大段謠讖分成小段來分析。

「赤氣沖天，山鳴地崩，牛生兩尾，日月盡行，木上掛曲尺，即真主也。」

朱元璋於元順帝至正十二年，即西元一三五二年投入濠州郭子興部。郭子興當時號稱為「紅巾軍」，頭繫紅巾，那就是「赤氣沖天」了。至於「山鳴地崩」，即是反元義師紛起的意思。

「牛生兩尾」，是「朱」字。

「日月盡行」，是「明」字。當時紅巾軍奉行明教，所以後來朱元璋立國，亦依然用「明」為號召，用以平定各路義師，建立大一統的皇朝。

「木上掛曲尺」，也是「朱」字。

這段預言可謂甚為準確，而且說得相當清楚。蓋鐵冠道人當時所預言的正是目前的事，是故便清楚了。後來這段預言都被收入坊本《推背圖》之內。在第二十七象的圖上，畫一株樹，樹上掛着一把曲尺，樹的左右則各為一日一月，明顯即是抄襲《透天機》。

為什麼不是《透天機》抄襲《推背圖》呢？因為古本《透天機》已有此讖，而古本《推背圖》卻無此圖。

「吳地黃冠，霞光萬道，旌禪下界，收留撫育。」

這是關於朱元璋出身和尚的預言。他幼年時曾出家皇覺寺，負責打掃準提殿。準提是密宗的菩薩，傳說朱元璋打掃時，一邊唸着師傅教的準提咒，一邊許願。後來終於滿願，不但滿願，還做了皇帝，所以他便禁止密法在民間傳播，而自唐代以來即流傳的準提法，因此也就成為了禁書。

「先有五瘟使者下界，應此劫數，布傳瘟疫，人人遭難。烏梅可解。」

這是說元順帝至正年間的大瘟疫。歷史上元順帝是有元一朝最荒淫的皇帝，居然可以容忍未閹割的太監跟宮女在一起胡混，甚至他的皇后也養有一個面首太監，名樸不花，公開廝混，元順帝卻只當看生春宮。

當時白教及花教的喇嘛受皇帝供奉，違反戒律，以傳授雙身法為名，助長元順帝的荒淫。皇宮之內竟成雜交的場所。

正因為這一段歷史，所以便令密宗之名在漢土蒙羞。日本人攻擊藏密為「左道密」，至今還有些人在拾日人的牙慧。只是由於近年資訊發達，藏密經典紛紛譯出，舊教甯瑪派的「大圓滿」法系才受到歐日人士重視，知道是印度傳來的不二法門。

「首有兩丁運馬，火虎出世，黑猿領兵。金槍出現，木鐘自鳴。」

元末江淮一帶，黃河決堤，加上連下二十餘日大雨，於是江淮的瘟疫以及蝗蟲之災紛起。元順帝於西元一三五一年，徵河北民工十五萬、士兵二萬到河北黃陵崗開河。

由於官吏剋扣糧食，民工既受辛苦還不得飽，於是白蓮教首腦韓山童與劉福通便藉着「石人一隻眼，挑動黃河天下反」的謠言，煽動民工反元。

這韓山童由祖父輩起即是白蓮教首領，後來他又兼收了由波斯傳來的明教教義。所以藉着宗教的力量，散播「彌勒佛出世」的謠言，一時之間便號召了五十萬兵馬。韓山童於起事前被捕，劉福通隨即擁其子韓林兒為「明王」。成立當時崛起的一枝起義軍。

在此之前，已有方國珍兵起，在此之後，則有方國珍攻溫州；徐壽輝於蘄水稱天完帝；郭子興起兵濠州；張士誠據高郵稱王，國號大周；朱元璋領兵據滁州；陳友諒攻陷安慶；明玉珍起兵雲南，稱隴蜀王。

這一連串事件，便即是「兩丁運馬」等等謠讖之所指。要解釋，需要用到《掛氣圖》。例如巽卦的卦氣為丁，而巽則為木，所以「兩丁」便即是兩木，應在韓林兒身上。太過複雜，不便一一作釋。

「爾乃登州指引，不可同行。俟赤氣沖天方可指引。石人一眼，二人二足，乃起兵時也。」

這一段，是鐵冠道人對劉伯溫的指示。即是叫他不可參加韓林兒、劉福通的起義軍。這就預言了韓林兒雖稱帝而不能成事的命運。

「石人一眼」，是韓劉號召起義的造謠，前面已經說過。

「二人二足」，是劉福通小名劉二，他的副將則名李二。兩個人的小名都殿以二字，故稱為「二足」。

《透天機》中，劉伯溫再問道：「紫微興兵，元人如何？」

鐵冠道人答道：「元乃光明佛轉世，應善善而去，有人追趕，黑水河有角端，且道一統化佛也。」

這一段，是說元人自行退去。

按歷史，朱元璋的大將徐達攻陷大都，元帝退走開平。常遇春攻陷開平，元帝即退走和林，已經退至關外。其後且死於應昌，於是元人勢力大弱，只在外蒙古一帶落腳，其後於洪武二十一年，大將藍玉最後一次大破元兵，元人便連外蒙古都不能立足。

常遇春及藍玉的追趕，便正是「有人追趕，黑水河有角端。」因為元人退走之時，又跟黑龍江邊的金人後裔滿族發生衝突。

「三百載太平只有二百餘年。萬子萬孫之年，人口吐火，鼻內出煙，拳中走馬，男穿女衣，女穿男衣，江山又變也。」

這一段是關於明清兩代的預言。

三百載是明代的年數，明崇禎是亡國之君，他是萬曆的孫子，故可稱為「萬子萬孫」。

「人口吐火」等句，是說滿清。滿人的原始宗教是薩滿教，薩滿提倡吸煙，認為煙可以驅邪，所以便是「人口吐火，鼻內出煙」。

滿人的衣袖為「馬蹄袖」，即是袖口稍闊，至腕部則收窄，然後又漸放寬。這種衣袖便於騎馬射箭，平時將袖口伸開，可以遮拳，騎射時則可將袖口覆起至腕上，兩手便可自如。這便即是「拳中走馬」。

滿人衣服女人穿褲，罩以旗袍；男人反而穿掛，所以即是「男穿女衣，女穿男衣」。

劉伯溫不明所指，細問道：「萬子萬孫，何為江山三百載也？」

道人答道：「萬乃國號，帝之子孫也。」這已揭開了亡國之君崇禎乃萬曆之孫的謎底。可是道人接着下來所說的一大番話，卻真的撲朔迷離，神秘莫測。然而仔細分析下來，卻無一不是明代興亡的史實。

「斯時群魔下界，劫賊為害，百物乘變，瘟疫流行。家家頭戴侍郎帽，戶戶手執刀槍棍，草寇紛擾，各據一方。」

這一段無非只是說明代末年的社會狀況。

明崇禎二年，陝西山西大旱，百姓無食，連樹皮都剝光為食，然而政府卻依舊催徵錢糧。

錢糧徵不到，只好欠餉。由是激起士卒叛變，此即李自成起兵的原由。至於「頭戴侍郎帽」，則指「瓜皮帽」，這是滿人的便帽。

「先逢丙丁金剋木，後遇壬午火剋金。」

西元一六三六年，崇禎九年丙子，這一年發生了兩件大事，一是李自成攻佔陝西，一是滿族的皇太極即帝位，史稱清太宗。

翌年丁丑，李自成勢盛，朝鮮向滿人投降，皇太極部署攻明京師。這就是「先逢丙丁金剋木」了。

為什麼說「金剋木」呢？

因為滿人實為金人的後裔。

西元一六四二年，明崇禎十五年壬午，洪承疇兵敗，為清人所執，秘密降清。此一役，明兵的元氣已經大傷，不但外不能禦清人侵犯邊疆，內亦不能抵禦李自成的軍隊。再過兩年，李自成破京師，崇禎自縊於煤山。

明朝覆亡，餘下的南明，福王、魯王、桂王等，互相內訌，小朝廷到處流離，已經不成氣候。

「東方星象映天宮，遍地無洋起妖風，天下人民死如阜，白氣衝破天狗凶。」

滿清兵據東北，當時中原人將關外及朝鮮、日本皆統稱為東方，是故「東方星象」即指滿人得勢。

「遍地」句，指天下大亂，邪教成為作亂的號召，然而卻非真命天子。「天狗」指順治三年丙戌，是年殺張獻忠、降鄭芝龍、擒捉了小朝廷的唐王，天下算是歸於一統。

「白虎天子不非凡，煞星下界三十年。八牛曳糧無氣力，餓死人民有萬千。」

「白虎天子」是回溯到明萬曆四十二年，即一六一四甲寅年間的事。是年「東林黨爭」開始激烈，這場黨爭，賢人盡被貶退，閹黨勢力開始坐大。以後的日子可謂江河日下。

萬曆帝死於四十七年，其子常洛繼位，是為光宗。然而在位僅三十日，因為誤服道士李可灼獻上的「紅丸」，服後即暴斃。於是由太子登位，是為熹宗。

熹宗寵信乳娘客氏及太監魏忠賢，於登位三年後即令魏忠賢提督東廠，任意誅殺大臣。明朝的政綱由是敗壞至不可收拾。

「東林黨爭」是明末大事，至崇禎死後，南明小朝廷依然有馬士英排斥東林的事件，迄西元一六四六年然後正式結束。首尾約共三十年。

「口中口，莫良門，一萬子孫遍地走。黃虎出世滿江紅，白蛇屍骨餒餓狗。甲申之年盡災侵，木子登傳不知醜。」

「口中冂」是「由」字。萬曆帝的裔孫都以由字為排行。明熹宗名由校，崇禎帝名由檢，後來崇禎死後，成立小朝廷的有福王由崧、桂王由榔，都屬兄弟行，這便是「一萬子孫遍地走」了。

「黃虎出世滿江紅」，指的是崇禎十一年戊寅，清兵犯京師，後來雖然退兵，但滿人已然勢威。戊寅為土虎，土色黃，所以稱為黃虎。

「白蛇」句，是指辛巳年張獻忠陷四川，揮軍攻襄陽，李自成陷河南，兩軍合盟，已成席捲天下之勢。辛為金，色白，所以白蛇即是辛巳。

以下更明言甲申之變，崇禎自縊煤山。以及李自成登基，改國號為大順，然瞬即為清兵所敗，走死西安。

以預言而言，上述鐵冠道人的預言可謂奇準。

這段預言以下面兩句話作結：「兩眼只作觀日月，日月無光昏星斗。」

這兩句預言很易解，日月為明，預言無非說明朝已經傾敗，一切努力皆無可挽回。

劉伯溫很關心明亡後帝子王孫的命運，便問鐵冠道人究竟。

道人答道——

「馬嵬坡下血淋淋，大風吹過五花門。大哭一聲天色變，八牛曳倒大都鐘。赤足散髮歸梅嶺，屍骨遍野入山林。」

馬嵬坡是唐明皇賜死楊貴妃之地，明崇禎帝於李自成破城之際，賜死妃后，預言是借用唐明皇的典故。

李自成進京，就可以解釋為「大風吹過五花門」。相傳他入城時，彎弓射城樓的匾額，且向天祝禱，可是竟然射不中，左右為之失色，蓋當時大風忽起，箭為風吹云。

至於「大哭一聲」四句，無非仍是說崇禎縊死煤山的事，不必再說。

「日月垂落李樹頭，十八孩兒坐幽州，開門一馬入金殿，拍手哈哈三春秋。」

這段寓言正說李自成。明亡於李，所以「日月垂落李樹頭」。「十八孩兒」即是「木子李」；「開門一馬」，是「闖」字，李自成人稱「闖王」；「拍子哈哈三春秋」，則是說李自成的命運。

他於三月入京，十月逃亡以避清兵，前後只在京師做了八個月皇帝，恰恰經歷一個「三春」（三月）以至整個秋天。

《透天機》接着說：「有一個腿裏腿，鬼裏鬼，天門頭上一個嘴，勾引東方百萬兵，掃盡群魔生後悔。」

這段預言明說吳三桂引清兵入關。「天門頭上一個嘴」即是吳字。他趕走李自成之後，眼見滿人稱帝，冷手執個熱煎堆，心中便生後悔了，這就造成了日後的「三藩之亂」。

以下預言清代，文字則不多——

「遍地開紅花，絕足啼聲裏，太平人兩個，但等果子來。」

四句預言，便包含了清代十朝二百六十八年的歷史始末。順治於甲申年開國，旋即改換衣冠，朝臣皆戴紅纓帽，那就是「遍地開紅花」了。

末代皇帝宣統，登基於己酉年，酉屬雞，預言以「啼聲」代表雞。

「太平人兩個」，這句預言是用「太平年」這個熟詞來做謎語，「太平」即是暗藏「年」字，即是說只有兩年的日子，清朝就會覆亡了。

民國建立於壬子年，預言末句「但等果子來」，即是說到子年清代即滅。

《透天機》將明末的情形說得詳細，清代則說得簡略，因此很快便已說到民初以至今日。

「爭爭爭，休休休。二人命掛樹梢頭。琵琶立在中華地，只有胡人二八秋。」

這段預言，說的即是民初。當時軍閥混戰，有直系的馮國璋、奉系的張作霖、皖系的段祺瑞。這三個人出身北洋，為袁世凱「小站練兵」時編訓的陸軍。

後來袁世凱支持慈禧，壓下了戊戌政變，於是官任直隸總督兼北洋大臣，督辦鐵路，可謂權傾一時。至光緒三十一年，已練成陸軍六鎮，後來即成為北洋軍閥各系勢力的基幹。

馮國璋、張作霖與段祺瑞三人，於袁世凱死後分裂，互相傾軋，輪流控制北京，號令全國，是即民初的亂局，「爭爭爭，休休休」也。

至於「二人命掛樹梢頭」，應該是預言「徐」字。其或指繼袁世凱及「代大總統」馮國璋之後的徐世昌歟？

至於「琵琶」，則是「四王」，當時除直奉皖三大軍閥勢力之外，餘下一股強大力量便是南方的孫中山。四股力量對峙，是故可以稱為「四王」。

「胡人一八秋」，是指宣統由登基至復辟，終於被趕出北京，恰好是一十六年。二八一十六也，奇妙得很。

預言接着說——

「人間古月消磨事，天地昏暗神鬼愁。三十六年等八字，江日落在天盡頭。」

這段預言好解，「古月」是胡，指滿清。上面的預言提到，由西元一九〇九年宣統登基，至一九一七年，張勳擁宣統復辟，旋即失敗，宣統出京，恰好前後十六年，應了「胡人二八秋」的話。此後中國便再無「古月」，是即「人間古月消磨事」也。

後來民國三十五年，蔣介石慶祝「六十華誕」後，開全國國民代表大會。這個會是為選舉總統鋪路。可是當時局勢已江河日下，他雖然當選總統，但卻無法一統山河，尋且退到台灣，真可以說國民黨統一中國，無非只是民國三十四年日本投降，至民國三十六年中共尚未半分天下這實際不足三年的日子。

「等八字」的「八字」，誰都知道即是指共產黨。中共的「共」字固然是「八字脚」——當時民間暗語，即以八字脚稱中共，而中共的軍隊又為「八路軍」，兩個都是八，是真可謂天意也。

預言的意思不外說，民國成立三十六年，爭爭奪奪，最後無非是等待中共到來。是即

「三十六年等八字」。國民黨退到台灣，還不是「江日落在天盡頭」耶？

《透天機》接着說——

「天無雨澤百苗死，地不滋生井泉乾，人民受饑寒，十郡九無煙。猛虎沿街走，再無太平年。」

這一段預言，即是「三面紅旗」、「大躍進」時代的寫照矣。王亭之經歷過這段日子，所以覺得能清茶淡飯平安度日，已經十分滿足。

當然會有人駁道，「大躍進」不至於那麼厲害。王亭之亦承認預言有點誇張，不過凡吃過「思苦憶甜餐」，以及大鍋雙蒸飯的人，至少會承認當時是「人民受饑寒」。我們對於歷史的錯誤，要不怕勇於承認，倘如諱疾忌醫，不敢指出歷史的過失，那就決不等於愛國。

劉伯溫問道：「先是作何亂逼？」

鐵冠道人答道：「紫微照臨，先有力士將煞星與兵散落八方。只為貪官污吏亂世道，諸神群煞起干戈，社稷山河盡是魔。虎頭蛇尾無定日，猴去雞來如台索。」

這應是中共起家以至文革一段時期的寫照了。

「貪官污吏亂世道」是中共建國前的國民黨官吏，於是「諸神群煞起干戈」。

而「紫微臨照」的紫微，非毛澤東而何耶？紫微為帝星，依鐵冠道人那時代的說法，毛澤東自然是開國之君。

「虎頭蛇尾無定日」。這一句依然是說毛伯伯。他於一九四九年建國，然而至一九五〇年庚寅年才一統山河，因為那年國民黨才從廣州撤去台灣，是為「虎頭」也（寅年的生肖是虎）。

一九六五年乙巳，江青開始文革，雖然那時還未發動紅衛兵，但已是四人幫時代的開始。因為毛澤東寫大字報來支持江青，江青由是得勢。那一年便是「蛇尾」了（巳年生肖是蛇）。

由一九五〇年至一九六五年，「運動」迭起。五一年「三反」，五二年「五反」，由是一連串運動，肅反、反右、上山下鄉，真的是永無寧日，那就是「無定日」之意。

下面一句，「猴去雞來如台索」，是指一九八〇年至八一年（庚申、辛酉兩年）的人事變動。毛伯伯死後，四人幫旋即倒台，華國鋒接任，「你辦事，我放心」，跟着便是八〇年及八一年之間的鄧伯伯復出、胡耀邦上台等一連串政治變革。從此中國走入經濟改革時期。

下面一段預言的是今日事了。

「中下甲子看，看到天開一口任蹉跎，人人爭赴幽州地，所生一二土木哥。」

中下甲子應該由一九八四年開始。《透天機》的預言，往往一兩句就跨越一個時代，所以我們只看到「人人爭赴幽州地」的形勢。

君不見，冠蓋滿京華，中外商賈發達，端的是人人爭赴古幽州。

所以「天開一口」，以及「所生一二土木哥」的日子，目前應該還未來到。

王亭之猜，「天開一口」分明是個「吳」字，未必指姓吳的人，應該是指「吳地」。

三國時的吳地，在今江浙一帶，吳大帝建都於建業，即今之南京，隔着一條長江跟曹魏對壘。以後東晉六朝，亦以南京為首都，江浙文風由是大盛，歷代迭出人才，北人統治中國的氣數，一變而為南人立國，這種氣運轉移，其勢莫禦，近代著名的歷史人物，洪秀全、孫中山、蔣介石、毛澤東，皆南人也。中下甲子之後，恐怕便還是南人的世界。

這樣說起來，豈不是「上海幫」當興？

至於「一二土木哥」是誰，那就不得而知了。因為恐怕已經是很遙遠的日子，已非王亭之所能及見。

古本《呂望萬年歌》

關於近代與現代，其實還有許多預言可以參考。例如《呂望萬年歌》。

呂望即是姜太公，他是周武王的軍師。這首預言詩當然是託名之作，因為都是七言詩體，在周代，七言詩根本尚未成為體裁。

然則，這是哪一個時代的作品呢？

台灣中央圖書館藏有一個抄本，裏頭有《萬年歷理數歌》、《東明曆》、《鐵冠道人缺餅歌》、《道光十六年出土藍山縣武侯碑》、《歷代帝王圖記》、《黃蘗禪師詩》，共八種預言。其中的《萬年歷理數歌》，便即是《呂望萬年歌》；《缺餅歌》便即是《燒餅歌》；《歷代帝王圖記》便即是《推背圖》。二十年前，王亭之赴台，設法將此抄本影印回來矣。

很顯然，這是道光十六年以後的抄本，然而資料的年代卻未必能以此年為界限，因為當時抄的必然是古本。我們再看《萬年歌》的註解，只註到明代還清清楚楚，以後就靠估了，因此推測，這應該抄的是明中葉的資料，如若不然，不可能連李自成都註不出來。

依此猜測，《萬年歌》至遲亦應該是明代方士所作的預言。

古本《萬年歌》跟如今的坊本稍有些不同。於研究時，王亭之亦將一一註出。

「太極未判昏昏過（坊本作「昏已過」，誤），風后女媧石上坐。三皇五帝已相承，宗派源流應不錯。而今天下一歸周（一統周），禮樂文章八百秋。串無中直傳天下（串去中直），卻是春禾換日頭。」

這是說周代天下八百年，然後為呂氏承繼。串無中直是「呂」字。相傳秦始皇是呂不韋的私生子。「春禾換日頭」即是「秦」，那是用「禾」字來換掉「春」字裏頭的「日」。

「天命由來不自由（不固久），三十年間不能守（二十年間），卯坐金頭帶直刀，削盡天下水羊首（木羊首）。」

秦始皇於西元前二四六年登位，至元前二〇六年秦王子嬰降，秦帝國實有四十年天下。若由秦始王統一天下算起，則是元前二二一年的事，至秦亡只有十五年。

所以說三十年、二十年都不準確。這是由於當年編造此預言的方士，計算年代有誤所致。

「卯坐金頭帶直刀」即劉，指劉邦繼得天下。

「一土臨朝更不祥，改年換國篡平康（平床），泉中湧出光華主，復立山河又久長（興復江山）。」

「一土」是王字，指王莽篡漢「平」帝的位。劉秀中興，白水為泉，劉秀是白水鄉人。

「四百年來更世界，日上一曲懷毒害。一支流落去西川，三分社稷傳兩代。」

這是說漢家四百年天下。「日上一曲」即是「曹」字，指曹操篡漢。流落去西川的是劉備，傳至後主劉禪亡國——預言說得太過明顯，作偽的形迹便反而暴露出來。

「四十年來又一變，相傳馬上同無伴（同無半），兩頭點火上長安，委鬼山河同一占。」

魏代立國共四十四年，「馬上同無伴」是「司馬」，因為「司」是「同」字去了一直。「兩頭點火」是「炎」字。指司馬炎篡魏，建立晉代。

「山河既屬普無頭，離亂三分（中分）數十秋。於中一失（子中一朱）不能保，江東復立作皇州。」

「普」字無頭即是晉。由第二代晉惠帝起，國家其實已分裂。

晉惠帝是個白癡，朝政落於賈后之手。賈后淫亂宮闈，他不聞不問，直到她殺了太子，趙王倫才起兵殺賈后。淮南王允又伐趙王倫，於是八王之亂起，從此天下永無寧日。

後來劉淵自稱漢王（後改稱趙），李雄稱成都王，國號成漢，石勒復立趙國，北方慕容氏又立燕國，其可謂天下三分。江山一失即無可恢復，坊本作「子中一朱」，誤。

「相傳一百五十載，劍頭卯兒（釗頭卯兒）平四海，天命當頭六十年，肅頭蓋草生多歹

（生好歹）。」

晉自司馬炎於西元二六五年立國，於三一六年晉愍帝降漢劉曜，後來瑯琊王司馬睿於建康立國，史稱東晉，至四一九年，晉恭帝為宋王劉裕所廢，國祚共二百年。若僅算東晉則為一百年。是故「相傳一百五十載」，亦是方士誤算。「劍頭卯兒」應是「釗頭卯兒」之誤。此即劉字，指劉裕。

劉裕立國，國號宋，才五十七年即為蕭道成奪國，國號齊。「肅頭蓋草」便是蕭字。

「都無真主管江山，一百年來擾幾番。耳東入國人離亂，南國江山北國關（南隔江山北隔關）。」

此乃指東晉之後的六朝，宋齊梁陳紛紛繼起，每代江山都不長久。宋五十六年，齊二十三年，梁五十六年，陳三十三年。合共應稱為一百五十年，此亦誤算。

陳覇先篡國時，北方的宇文氏建立北周，與北齊並立，於是天下三分，中國境內幾乎無一年無戰事。此即讖詩所云「耳東（陳）入國人離亂」也。

南北都亂，故讖詩末句云云。

「水龍木易承天命，方得江山歸一定。二十年來又不祥（五六年），此時天下方爭競。」

西元五七二年，北周武帝重用大臣楊堅，殺宇文護，這是南北朝歷史上的一件大事，是年為壬辰年，故曰「水龍」。

自東晉開始，天下南北兩分，南方是晉宋齊梁陳六朝，以陳國疆土最小，因為長江上游及淮河南都被北朝所據。

北方則是前趙、後趙、前燕、後燕、前秦、後秦、前涼……以至後來最強盛的北齊及北周對立。

北周武帝重用楊堅後，不過兩年，即滅北齊。接着，楊堅又攻南朝的陳，盡佔長江一帶土地，於是楊堅於五八一年辛丑，廢主自立，建隋朝。

後來只用了五六年的時間，便滅了陳，於是南北歸於統一。

然而楊堅統一僅只在位二十四年，傳隋煬帝在位十二年，再傳恭帝，在位僅一年，是共三十七年。

《萬年歌》曰「二十年來」，可能僅指楊堅時代。楊堅被太子楊廣謀殺，太平日子僅六年，反隋的兵馬即起。小說《隋唐演義》所說的三十路煙塵，蓋史實也。

坊本作「五六年又不祥」，顯然是誤字。

在歷史上，隋代為統一皇朝而國祚最短的朝代，比秦代還要少幾年。

「木下男兒火牛起（火年起），一掃煙塵木易已；太平世界百餘年，雖見煙塵不傷體。」

唐高祖李淵起兵於西元六一七年丁丑，是年即是「火牛」（丁屬火，丑生肖為牛）。至太宗高宗兩代尚平靜，高宗死後，武則天登位，是即為太平世界僅得百餘年。然而武則天用「周」國號，而且在位二十一年即為廬陵王所敗，唐代江山依然無恙，此即「雖見烽煙不傷體」也。

「子孫承繼三百春，又遭離亂與紛爭（似瓜分）。五十年來三二姓（二三經），不真不假亂為君。」

這是對於五代的預言。

唐朝傳位二十代，國祚二百九十餘年，所以讖詩說「三百春」。五代分別是朱全忠建立後梁；李存勗建立後唐；石敬塘建立後晉；劉知遠建立後漢；郭威建立後周。由九〇七年至九五九年，即讖詩所謂「五十年來三二姓」。

其中最短命的是後漢，劉知遠繼後晉成立皇朝，是趁契丹入侵，將後晉出帝俘虜而去（所以史為「出帝」），他便乘機揮軍入大梁稱帝，然而在位僅一年。他的兒子劉承佑，則前後在位三年。一個皇朝僅得四年壽命，實在太短，不過當時遼兵已起，天下已非一統。

「金豬此木為皇帝，未經十載遭更易。肖郎帶走在金猴（走出），穩坐清平傳幾世。」

這是關於宋代的預言。

後周太祖郭威無子，死後傳位於養子柴榮。後周建國於辛亥，是為金豬，「此木」是柴，即讖詩云「金豬此木為皇帝」。

後周得祚九年，所以說「未經十載遭更易」。趙匡胤本來是柴榮的御前都檢點，統領天下兵馬，柴榮登位六年，因急病而死，立恭帝繼位，恭帝呼趙匡胤為叔父，然而趙匡胤卻示意屬下諸將擁立，黃袍加身，即便取去柴氏孤兒寡婦的江山。是年為西元九六〇年庚申，故稱為金猴（庚屬金，申肖猴）。

「肖郎」帶一個「走」字，即是「趙」。坊本改為「肖郎走出」那便不如抄本的好。

趙匡胤死後，傳位於其弟光義，六傳而至宋徽宗。

徽宗宣和七年，金人滅遼。金與宋本來聯手攻遼，所以宋人自以為得計。誰知就在滅遼之後，金人大舉入寇，兵逼京師，宋徽宗臨危傳位於其子趙桓，改元靖康。然而金人卻兵陷汴京，將徽欽二宗父子一同俘虜，北宋於是滅亡，讖詩所謂「傳幾世」，即謂不足十世也。

「一汴一杭事不巧，二百年來江山小（都被胡人通佔了），江南江北又分邦（三百年來眠木終），更被胡人都佔了（三閭海內去潛踪）。」

光看讖詩的韻腳，便知抄本為原作，因為全詩一韻到底，而坊本卻兩句一換韻，與全書的體裁不合。

還有，第一句「巧」字，讀如轎。如今惟有廣府話才保存這個讀法。例如廣府的「咁巧」，即讀如「咁轎」。這是南宋時中原人士移居廣東帶來的口語，即所謂中原音韻。

北宋亡後，徽宗的九子康王構逃至杭州，建立南宋，由一一二七年建國，至一二七九年元軍陷厓山，無非是一百五十二年江山，讖詩稱為二百年，誤。

「三百年來眠木終，三閩海內便潛踪。一兀為君八十載，淮內忽有一長弓。」（坊本將上兩句混入前一首讖詩，又將「三閩」誤為「三閭」。至於第四句，坊本則作「淮內忽見紅光起」。）

這是指北宋南宋合共三百年，「眠」是借音，即寶蓋頭。木字和寶蓋即是宋。一兀即是元。「長弓」指張士誠，他在高郵稱王，國號大周，在反元軍中兵力較盛。

「八隻牛來力量大，日月同行照天下。土猴一兀自消除，四海衣冠新綵畫。」

讖詩中的「八隻牛」即是朱。「日月同行」即是明。「一兀」是元。明朱洪武於戊申年登位，是為土猴（戊屬土，申肖猴）。所以讖詩很容易明白，是說明太祖立國。

「三百年來事不順，虎頭帶土何曾問。十八孩兒跳出來（逃出來），胡天人在魏蘇困（蒼生方得蘇危困）。」

明朝享國二百九十四年，然而不斷天災人禍，即所謂「三百年來事不順」。「虎頭帶土」是指崇禎十 年清兵初犯京師。其時皇太極已登帝位，立清為國號。「十八孩兒」即是十八子，指李自成。末句明指胡人，較坊本為佳。

「相繼春秋二百年（二百五），五湖雲擾又風顛。人丁口取江南地，京國重遷一渙然。」

清國祚二百六十八年，所以坊本改為「二百五」。

「五湖」句，指湖北武昌起義。至於「人丁口」，一般以為是「何」字，可是清末民初卻無重要歷史人物姓何，故無法解釋。

其實「人丁口」是「人的丁口」之意，那就是「孫」，蓋古代口語，稱子為「人子」，子的丁口不是孫是什麼。

民國改都南京，那便是京國重遷。

《萬年歌》依次應該已說到現代——

「兩分疆界各保守，更得為君一百九。那時走出草田來，手執金龍步玉階。清平海內中華定，南北江山一統排。」

第一句已經應驗，海峽兩岸，一個國家兩個政權，自然是「兩分疆界各保守」了。就憑這一句，我們已經不得不佩服寫作讖詩的方術之士。此詩流行已久，就算是清末的人偽作，也難得他推算出「兩分疆界」的局面。因此對「一百九」之數，我們便非注意不可。

國民黨於一九四九年遷台，加一百九十便是二一二九；若加一百零九，便是二〇五八。那莫非說兩岸分立可以拖這麼長的時間？

不過王亭之卻以為，「一百九」諧音「一輩久」。三十年為一代，五十年為一輩，西元二

○○○年歲次庚辰，即是「金龍」（庚屬金，辰肖龍），恰距國民黨遷台五十年。那時的世局應有變化。

「走出草田來」的人是誰呢？香港於民國十六年曾有乩詩，說香港事，一一應驗，其中即有「田間再出華盛頓，造福人民是真命」之句，那個「華盛頓」是否即是同一個人，此事值得尋味。

諸葛亮的《馬前課》

另一本在民間流行甚廣的預言，名為《馬前課》，傳為孔明所造。然而分明是偽託，因為孔明於軍書旁午，計劃軍事內政，一身繫蜀國安危，尚焉有閑暇搞預言耶？

不過此《馬前課》在民間流行已久，王亭之小時候見到家藏的舊書已有此本，木刻精印，棉紙線裝，當年頗有印象。

此書第一課，山雷頤卦，讖曰：「無力回天，鞠躬盡瘁，陰居陽拂，八千女鬼。」

依讖文來看，託偽的痕迹很明顯，若諸葛亮一開口便感慨自己「無力回天」，他就不會「鞠躬盡瘁」。

因為當年他大可以避開劉備，任他十顧草廬都摸門釘。當年既肯出山，自然不會是抱着消極的態度，蓋即使三分天下幾十年，在後主當朝時還有戒慎恐懼，受盡謠謗，弄到要兩次寫《出師表》來明志，捱到五十多歲就死，那又何必耶。

這分明是後代術士所造的預言，揣摩着諸葛亮的生平來說話，那才會一開口就那麼喪氣。定為頤卦，因為頤卦有「觀頤自求口實」的話，意思是：看着人吃東西時兩頤咬動，倒不如自己找東西來吃。造預言的術士以此譬喻孔明的行事。

四句讖文，只有「八千女鬼」暗示「魏」字着邊際，其餘都是廢話。

《馬前課》第二課是離卦。讖詩曰：「火上有火，火燭中土，稱名不正，江東有虎。」火上火即是「炎」字，預言司馬炎篡位建立晉朝，其時東吳尚未滅亡，蜀後主劉禪則已投降。所謂「火燭中土」，即是說司馬炎稱帝，有如以光照燭中原。

至於定為離卦，無非由「火上有火」的火觸發，依卦象，離為火也。

由此可知，《馬前課》並非真的依《易》占而來，只是隨着讖詩來牽合。

《馬前課》的第三課，為剝卦。讖詩曰：「擾擾中原，山河無主，二三其位，木終草始。」那是說南北朝了。

「二三其位」，即是五國相繼，亦即南朝的晉、宋、齊、梁、陳。若如此算，晉代的君主姓司馬，陳代君主姓陳，那就談不上什麼「木終草始」。術士一定將五代當成是宋、齊、梁、陳、隋，隋代君主姓楊，木字旁，是為南朝的「木終」。可是「草始」呢？若以宋代為準，宋代君主姓劉，只能說是金而不是木，造預言的方士一定是誤記了齊代君主姓蕭，有一個草頭，然後才會說為「草始」。

至於卦象，無非因當時局勢大亂，是故便定為剝卦，剝是衰敗之意。

《馬前課》的第四課，為解卦，讖詩曰：「十八男兒，起於太原。動則得解，日月麗天。」這是說到唐代了。中間還提到武則天。

「十八男兒」即是十八子，即是李字，指李淵李世民父子創立唐代。

至於「日月麗天」，那是武則天自創的一個字，一日一月，下面一個空字，取日月當空之意，讀如「照」。那就自然是「日月麗天」了。武則天主國是歷史大事，因為她是幾千年來惟一的一個女皇帝，預言自然要提到她。

至於卦象定為解卦，那是以唐代為盛世，經過南北朝的動亂，到唐代，才算能享盛世，是如從厄難中「解」出來。

第五課為否卦。讖詩曰：「五十年中，其數有八，小人道長，生靈荼毒。」

這是說殘唐之後的五代了。

五代是後梁、後唐、後晉、後漢、後周。國雖有五，然而君主卻有八姓——後梁、後晉、後漢皆只一姓，然而後唐卻有李、邈、王三姓君主，後周則有郭、柴二姓君主。這樣一來，便可以說是「其數有八」了。八姓君主皆無一足以稱道的人物，真的可以說是「小人道長」。

卦象定為否卦，那是說五代時期是個民不聊生的衰敗時代。

《馬前課》的第六課是兑卦。讖詩說：「惟天生水，順天應人。剛中柔外，土乃生金。」

這是說宋代。宋代趙姓，趙姓的郡望是天水，此即第一句「惟天生水」。至於讖詩，則是根據「河洛」天一生水。

「剛中柔外」，指的是宋代的國勢。有宋一代，先受制於遼人，及至金人興起，遼人勢衰，然後才宋金聯盟，可是金人滅遼，再侵入中原，宋人便只能南遷，統治半壁山河。

到了成吉思汗興起，金人勢衰，然而元人卻一舉吞金滅宋，是故可以說北宋南宋都給外人欺負，國力與唐代相差甚遠。這便是「柔外」了。

卦象取兑卦，亦無非是取「柔外」之意，兑卦的外卦兩陰爻，即其取意。

但說「土乃生金」則牽強，因為金人既未滅宋，而宋人亦與土無關。

第七課說元代，卦為井，讖詩曰：「一元復始，以剛處中，五五相傳，爾西我東。」

這首讖詩說「一元復始」，目的只在點出元字，至於「五五相傳」，則說元人帝位只傳十代。但「以剛處中」以及「爾西我東」，則是說整個元帝國。

元帝國版圖之大，無與倫比，只是在漢土的元朝，卻漸漸不能成為帝國中心，真的是「爾西我東」。

《馬前課》的第八課為益卦。讖詩曰：「日月麗天，其色若赤，綿綿延延，凡十六葉。」這是說明朝。

「日月麗天」即是明代。「其色若赤」，指「朱」，朱色非赤若赤，傳十六代。說為益卦，那是說明代是一個好朝代，但這點其實有保留。明中葉以後，生靈塗炭，苦不堪言，沒有一個朝能夠維持一百年好景，五十年不變已經很難得。

然後是第九課晉卦。讖詩說：「水月有主，古月為君，十傳絕統，相敬若賓。」

這一課令王亭之大為驚奇，因為王亭之見過清光緒年間的版本，其時清朝政治雖然腐敗，但怎能猜得出「十傳絕統」——最後的第十代皇帝，年號宣統，清朝即絕於此。

至於「水月」加「主」即是清，「古月」即是胡，指胡人建立清帝國，這倒不必細說。

王亭之覺得，如果清末版本的《馬前課》真能作此預言，那麼，造此寓言的術士便真的是神仙了。只可惜當年未將《馬前課》的讖詩記住，「十傳絕統」此句，舊版是否如是，那就不敢肯定。因為有可能是民初的書商改寫讖詩，以圖譁眾。

《馬前課》的第十課是蹇卦。讖詩曰：「豕後牛前，千人一口，五二倒置，朋來無咎。」這首讖詩說的民國，卦象為蹇，蹇即是難，證明造預言的人，並不贊成革命。然而民初的日子，除了個別地區之外，亦的確戰火連天，軍閥混戰，接着便是抗日了，真的可以用一個「蹇」字來形容。

讖詩卻亦好解。「豕後牛前」，指的如果是指亥年之後，丑年之前，那麼便是子年，民國建立於壬子年，讖詩說得通。

「千人一口」，即「和」字，那是指「共和」了。當時以共和為口號，跟帝制對立，所以讖詩有理由提到共和。

不過接下來的「五二倒置」，便要猜測了。照字面，「五二」倒過來是「二五」，那並沒有什麼意思。王亭之的解釋卻是——這是說算盤的算珠。算盤分兩格，上格置二子，下格五子。那即是象徵中國分裂有如算盤，未來是小格在上，大格在下；如果將算盤倒置，則變成五子壓二子，那就是說，始終是多壓少，那就象徵人民勝利，因為人民是大多數。

北伐時代，國民黨屬多數；抗日後國民黨貪污腐化，共產黨是大多數，這都可以解得通。至於「朋來無咎」，則指國共聯盟，是故共產黨可以說是「朋」。

《馬前課》第十一課，是離卦。讖詩說：「四門乍闢，突如其來。晨雞一聲，其道大衰。」這首讖詩端的難解。

曾有人說這讖詩是指日本侵華，當其侵略軍來時，可謂「突如其來」，結果在一九四五年歲次乙酉投降。這是將乙酉解為「晨雞」。

不過王亭之卻覺得，這乙酉年，可能是指西元二〇〇五年的乙酉。至於「四門乍闢」，則可能是指「開放」也。如果是這樣，那麼，目前國內的反腐化、反貪污，很可能要到二〇〇五年才能成功，不過那時恐怕又要經過一番大變革。

或曰：何以說這讖詩是指中共呢？那主要是受到卦象啟發。卦為離，離的卦象是火，火紅恰恰是如今中國的象徵耶。

接下來第十二課的讖詩十分好：「極患救難，是惟聖人，陽復而治，晦極生明。」至於卦象則為大過。

那即是說，「晨雞一聲」之後便是「出聖人」的時代了。許多預言都說到會出聖人，例如「田間再出華盛頓」、「青青草自田間出」、「那時走出草田來」，這聖人出自農村，那到底是誰？然而能出聖人，能夠扭轉「晦」的局勢，那亦不失為好事。

讖謠與字謎

謠讖製作，有一定的形式。因為它只等於是打字謎，而謎語製作固有格式者也。

有一個故事很可以證明這點。

劉宋元徽末年，有四位大臣用事，稱為「四貴」，即是蕭道成、袁粲、褚淵、劉秉。四人之中又以蕭道成的勢力最大。

當時有一個人名為卞彬，是蕭道成的心腹，妒忌袁粲等三人掌權，於是便向蕭道成告密說，近日有一童謠——「可憐尸着服，孝子不在日代哭，列管暫鳴死滅族。」

蕭道成問他這童謠什麼意思，卞彬便解說道——「尸着服」，是「褚」字的「衣」旁；「孝子不在」是「孝」字去了個子，然後代之以「日」。這分明就是個「褚」字。

至於「列管」，那就是簫了。那就是指蕭道成只能暫時掌權，死後則為褚淵滅族。

蕭道成聽了，點點頭，說自會理會，及卞彬退下，蕭道成大笑道：「這童謠是他自己造的！」

卞彬造童謠時，便正依足字謎的方法，用「離合體」來扣「褚」字，用「寓意體」來射「簫」字。然而為什麼卻會給蕭道成看穿呢？正因為字謎作得太過精巧，若童謠出於兒童的感應，隨口而出，哪有如此精巧之理。

託名的《黃蘗禪師詩》

凡是讖謠中字謎太過精巧的，大多數情形下都靠不住。今日坊間流行的《推背圖》，便正犯上這個毛病。

如今且一談《黃蘗禪師詩》。這位禪師，如果照禪宗紀錄，實為唐代人，即著名的「黃蘗希運」，乃一代宗師。可是不知為什麼，這十四首詩，卻從明亡說起，以後一詩說清朝一代君主，餘下數首應該即是說至民國以迄今日了。

所以這位黃蘗，應該是另一位黃蘗——不過王亭之卻甚懷疑這十四首禪師詩只是民國初年好事之徒的所為，卻託名黃蘗。

十四首禪師詩，跟所有讖詩不同之處，即是不打字謎，而用嵌字的形式來「預言」。

例如其第二首詩說：「黑虎當頭運際康，四方戡定靜垂裳。唐虞以後無斯盛，五五還兼六六長。」

第一句，指康熙於壬寅年登基。壬寅的五行生肖即是「黑虎」。句末特意嵌一個「康」字。康熙在位時，平定台灣，削平三藩之亂，還親征蒙古準噶爾，那就是第二句所指。

在位六十一年，故第四句稱為「五五還兼六六長」，五五二十五，加上六六三十六，即是六十一也。

《禪師詩》的第三首，寫法跟第二首一樣，也是於首句嵌上「雍正」年號的雍字，然後於末句說出其在位年數。

詩曰——「有一真人出雍州，鵲鴿原上使人愁。須知深刻非常法，白虎嗟逢歲一周。」

末句的「歲一周」，本來應該是十二年，蓋十二年為一周也（一個地支的循環），不過雍正實際前後在位十三年，讖詩或就其實際在位年數而言。

而且，雍正在「黑虎」（壬寅）的翌年登位，在「青虎」（甲寅）的翌年暴斃，所以讖詩的「白虎」，或為故弄玄虛。

第四首讖詩——

「乾卦占來星運隆，一般六甲祖孫同。外攘初度籌邊策，內禪無慚太古風。」

詩的第一句，首尾嵌齊了「乾隆」的年號。

乾隆在位六十年，皇帝做厭了，想享幾年清福，便以不敢比祖父康熙做皇帝更久為理由，將帝位讓給皇太子，所以只在位六十年，算是比康熙少一年。這便是所謂「內禪」了。蓋以父禪位於子，故稱為內。

做六十年皇帝，便是第二句「一般六甲祖孫同」。歷史上能做六十年皇帝的人，除了他們祖孫，還真找不出第三個。

詩的第三句，照例是「政治評論」，此乃全部禪詩的體制。

第五首說——

「赤龍受寵事堪嘉，那怕蓮池開白花。二十五弦彈易盡，龍來龍去又逢蛇。」

嘉慶帝受「內禪」於乾隆那一年，為丙辰年，故讖詩說到「赤龍」，又稱之為「受寵」。還照例嵌上一個「嘉」字。

第二句，指白蓮教作亂。亂起是乾隆五十八年的事，至嘉慶七年始平定，前後十年。史稱白蓮教以妖術蠱惑人心，那便即是今人之「特異功能」也矣。

嘉慶十八年，白蓮教餘黨改組天理教，教主林清勾引到一些太監為信徒，於是外攻內合，居然殺入皇宮，給那時還是太子的道光，用火槍擊退，成為轟動一時的「林清教案」。

嘉慶在位僅二十五年，碰上兩次白蓮教事件，難怪讖詩要特筆點明。

第六首詩說——

「白蛇當道漫騰光，宵旰勤勞一世忙。不幸英雄來海上，望洋從此嘆忙忙。」

道光在位三十年，讖詩稱之為「一世忙」，蓋以三十年為一世也。他碰上鴉片戰爭，加上國庫空虛，真可以說是窮皇帝。加上其人有儉德，連衣服都釘釘補補，弄到大臣都不敢穿新衣，此即詩的第二句也。

第三句，點出「英」國。

第七首說——

「亥家無訛二卦開，三三兩兩總堪哀。東南萬里紅巾擾，西北千群白帽來。」

詩的第一句是說咸豐。在《易經》中，咸跟豐都是卦名，即「澤山咸」與「雷火豐」。所以說是「二卦開」。

這句詩，跟《燒餅歌》的「太極殿前卦對卦」如出一轍。王亭之懷疑造此《禪師詩》的人，一定參考過《燒餅歌》。

咸豐於辛亥年登基，那是豬年。是年洪秀全稱太平天國天王。當時的人把洪秀全的部隊稱為「紅巾」，以其頭裹紅巾之故。

末句造讖詩者誤記，蓋西北回民起事乃同治年間的事，非咸豐也。又，「三三兩兩」加起來是十，而咸豐則在位前後十一年。

第八首說——「同心佐治運中興，南北烽煙一掃平。一紀剛周陽一復，寒冰空自惕兢兢。」這是說同治帝了。

同治五歲登基，由慈禧垂簾聽政，做了十三年皇帝就染梅毒而死。詩的第二句說得很好聽，事實上只是太平天國及回民之亂已近尾聲，恰恰在這十三年間碰上而已。

詩的第三句，即說其在位年數——一周加「陽一復」便是十三了。詩的末句，「寒冰」用坤卦卦辭，指慈禧太后。

第九首說——

「光芒閃閃見災星，統緒旁延信有憑。秦晉一家仍鼎足，黃猿運兀力難勝。」

這首詩自然是說光緒帝，他的年號已分嵌在詩的第一第二句。

第一句說「見災星」，自然是指光緒一生多災多難。他登基後，由恭親王輔政，西太后垂簾聽政。一直至光緒十三年，西太后才肯「還政」，事實上仍掌大權。及至光緒二十四年，戊戌政變失敗，光緒就被囚於瀛台，西太后再度聽政。光緒二十六年，八國聯軍陷北京，西太后要逼珍妃投井，光緒連反抗的力量都沒有。再過幾年，即光緒三十四年，他就先慈禧一步死去。這樣的人生，可謂枉生帝皇家了。稱為「見災星」，一點也不錯。

「統緒旁延」指他是承嗣子。同治死後無子，西太后叫醇親王之子承繼，即是光緒。光緒亦無子，嗣其侄溥儀。這句讖詩說的已是兩代承繼，因此才有「秦晉一家」的話頭，因為他們的承繼，牽涉咸豐與西太后兩家血統，不單父系有親，母系亦有親也。

光緒死於戊申年，故稱為「黃猿」，猿即是猴。

這首讖詩，說得很明白，可是以後讖詩卻便要打啞謎了。

第十首很奇怪——

「用武時當白虎年，四方各自起烽煙。九州又見三分定，七載仍留一線延。」

詩裏面完全沒提到「宣統」的年號，跟上面九首詩的體例不同，所以有人便猜這首詩不是說光緒，而是綜說民初的事。

可是宣統以後，卻一直到一九五〇年庚寅，才輪到第一個「白虎年」出現。那是中共建國後的第二年，根本談不上「四方各自起烽煙」，三四兩句亦不準確。放寬一點，只看虎年，不論天干的顏色，那麼，民國四年便是甲寅，是年歐洲大戰起，可以說是「起烽煙」了，可是三四兩句卻仍無着落。

民國六年，辮帥張勳復辟，旋即失敗。那可以解釋第四句，而第三句亦可以解釋為溥儀在清宮仍舊稱帝，而民國則南北分立，是為「九州三分」，可是「白虎年」卻毫無着落。

有人從一九三八戊寅年算起，那是抗日戰爭的第二年，七年後抗戰勝利，這勉強算對了，然則是否當時國府在重慶、汪精衛在南京、溥儀在滿州，便稱之為「九州又見三分定」呢？依王亭之看，大概也只好勉強採取後面兩種說法的一種。

王亭之本人則傾向於最後一說。

第十一首說——

「紅雞啼後鬼生悲，寶位紛爭半壁休。幸有金鰲能載主，旗分八面下秦州。」

由前一首詩的體例忽然改變，而且即於事後亦要猜謎，可以猜想造作讖詩的人，應該即作於宣統以後，民國初年——然而據馮公夏先生說，他十四五歲便已見過這組讖詩。馮公如今已九十四歲，那麼，大概八十年前讖詩便已流行於坊間，是則讖詩的製作至遲也不能遲過民國四年。而馮公亦很肯定，讖詩絕不會遲到抗日戰爭後才出現。所以造讖詩的人，預言水平其實絕不低。

像這一道，「紅雞」應該是乙酉，天干的顏色雖不對，可以視為故弄玄虛。是年為西元一九四五年，亦即日本投降那一年。

日本投降後，國共紛爭，各擁半壁江山，那就是詩的第二句。

詩的第三句，站在國民黨的立場來說，退到台灣，台灣便即是「金鰲」。以鰲比喻為島，亦不算牽強。

至於第四句則指「八路軍」，此即所謂「旗分八面」也。秦州指陝西，應解釋為延安。八路軍先收復延安，然後才展開全面大戰。詩的末句蓋即指此。

所以這組讖詩，雖有偽託之嫌，卻仍應重視。

第十二首說——

「中興事業付麟兒，豕後牛前耀德儀。繼統偏安三十六，坐看境外血如泥。」

這首詩有人說是預言蔣介石，於民國十三年（甲子）創立黃埔軍校，是年即是「豕後牛前」的子年。可是，如果以蔣介石遷台的一年起算，國民黨偏安於台灣，亦不只三十六年了。因此有人猜是指蔣經國。

然而蔣介石於一九七五年逝世，是年與「豕後牛前」絕對無關，因為是個兔年。

王亭之卻覺得，這首讖詩不宜一口氣來讀，因為並不是全詩僅指一人。能夠這樣，讀讖詩就生了。

「中興事業付麟兒」，指的是蔣介石傳位給蔣經國。可是「豕後牛前耀德儀」，指的卻是李登輝，他在一九九六年丙子年當選第一位民選總統，應該是件大事。由於「輝」所以就「耀」了。

然則詩後面的兩句，這「三十六」又指什麼呢？即使以李登輝接蔣經國遺任那年來算，十六年恐怕指的已非李登輝，所以此中大有玄機。但如果把讖詩看活一點，認為「三十六」不指一人，而是指一個時代，那麼可能至公元二〇三二年前後，便有大事要發生了。

是年壬子，恰恰又是鼠年。

回顧以前，講到《馬前課》時，王亭之據「晨雞一聲」的詩讖，猜測西元二〇〇五年是否有事。如今不妨結合《禪師詩》來檢討一下，看二者是否吻合。

如果將二〇〇五向上推三十六年（「繼統偏安三十六」），那麼就是西元一九六九年（可以當成一九七〇，要看怎樣算法，算整年，抑或頭搭尾來計）。這兩年，台灣似無大事，總統仍然是蔣介石，他差不多做滿第四任總統，一九七二年則連任第五任。那麼，一九六九或一九七〇年，會不會便是他開始積極培養「麟兒」的年份呢（「中興事業付麟兒」）？

倘如對的話，那麼，大事發生的年份便不是二〇三二年，而是二〇〇五年了，距如今只有九年。發生什麼事？結局如何？兩本預言都沒有說。

還不妨參考《燒餅歌》：「偶遇異人在楚歸（楚為湖南），馬行萬里尋安歇，殘害中女四木雞。」這「木雞」跟二〇〇五年的乙酉又有沒有關係呢？

天人感應説童謠

前述種種關於世局更遷的謠讖，無論其為真為假，是否託名，是否為事後據歷史偽造，都值得加以研究。為什麼呢？因為製造謠讖至少也需要有一些根據。這些根據是來自靈感，抑或來自術數，都可以留下來給後人評價，作為治亂循環的參考。

在《南史》上有一個很著名的謠讖——

「可憐巴馬子，一日行千里，不見馬上郎，但見黃塵起。黃塵污人衣，皂莢相料理。」

謠讖所言，是説王僧辯為陳覇先所滅，而陳覇先則為楊堅所破，中間牽涉到三代覇主的興衰——

「巴馬子」是指王僧辯。他是四川人，故稱「巴」（巴蜀）；「馬」字上頭隱藏「王」字，故稱之為「馬上郎」。至於「黃塵」，則諧音指「陳」。「皂莢」則為隋。

這則謠讖準確無比，所以連《南史》作者引用它時，都感慨地說：「然則興亡之兆，蓋有數云。」

是故連絕對不信鬼神的漢代名士王充，在《論衡》中也感嘆道：「性自然，氣自成，與夫童謠口自言無以異也。當童之謠也，不知所授，口自言之。」那就便即是「天人感應」的說法了。

若以為謠讖皆為陰謀之士所造，那就未免過分科學，而不知人與自然間的交通。

《金陵塔碑文》

石刻讖碑之傳往往千百年後才被後人發現，故亦不能視為政治陰謀。

近代發現的讖碑，最出名的便是《金陵塔碑文》。此乃民國十六年時拆除明代建於南京的「金陵塔」時所發現，讖文刻於石碑上，說是劉伯溫的預言。碑文如下——

「拆去金陵塔，關門自己殺。日出東，月落西，胡見故鄉起烽煙。草弓何優柔，目睹江山落夷手。冬盡江南萬古憂，繁華忽見瓦礫丘。回天一二九，引起白日結深仇，眼見日西休。」

這段碑文，是指中國內戰（關門自己殺）；日軍侵略東北，成立滿州國（日出東，月落西，胡兒故鄉起烽煙）；東北失守，蔣介石與張學良皆應負責任（「草弓」二句）；日本全面侵華（「冬盡」二句）；一九四一年十二月九日，美國對日本宣戰（「回天」二句；注意「一二九」的預言，可謂奇準）；日本失敗（眼見日西休）。

民國十六年時，蔣介石初露頭角，時為北伐的第二年，因此不可能是偽造讖碑企圖作點什麼政治影響。加上「回天一二九，引起白日結深仇」的預言奇準，十二月八日，日軍偷襲珍珠港，十二月九日美對日宣戰，這並不是可以胡謅得出來的。

所以這段碑文，實在比《燒餅歌》還要有價值，只可惜它只預言到抗日戰爭勝利，以後的事便不提了。

有關香港的二首讖詩

抗日戰爭時期，香港曾有幾首預言詩流行一時，這些詩，據說是一位羅浮山的道士所作，據三十餘年前秋郎所撰的《香海異乘》，載有光緒末年一雲遊老道在陳冲卿處遺下的十餘首讖詩，五首詠天下大勢，五首詠廣州，兩首詠新會，兩首詠陳冲卿，另有兩首詠香港。詠香港的兩首讖詩曰──

「層樓高聳插雲霄，車水馬龍滾滾囂，鯉魚有日翻洋海，百載繁榮一夢消。」

「太平直上望天高，宇宙紛紛落玄毛，太息丑牛逢乙木，不堪回首望鴻濤。」

這兩首詩確實在四十年代流傳過，絕非虛構。第一首是指日本佔領香港，蓋重點在於「有日」兩字，「鯉魚有日翻海洋」者，有日本人在鯉魚門翻江倒海也。所以第一首讖詩應已屬過去的事，「百載繁榮一夢消」云云，蓋所指乃日本佔領香港的三年零八個月──日本佔領香港為一九四一年，英人佔港則為一八四一年，恰符「百載」之數也。

第二首則尚未有定論，解者均注意及「太息丑牛逢乙木」一句，「乙丑」即是一九八五年。然而二十餘年以前，則有人解「宇宙紛紛落玄毛」一句，謂「玄毛」可能是核子輻射塵，於是擔心一九八五年會爆發核子戰，輻射塵影響到香港。

及至一九八五年，連王亭之在內，許多人皆以為此解不確，因為是年並無核子戰爭也。

但於是年，美國核電廠出事；隔幾個月，蘇聯核電廠又出事，香港人由是便為大亞灣核電廠惴惴不安。該廠的條約簽定，恰在八五年前，「太息丑牛逢乙木」，所「太息」者，是不是就是這宗事件？若然是，則將來有待歷史作證，看這首預言詩是否靈驗矣。

只不過，絕大部分香港人一定沒有作證人的資格，預言若兑現，他們還可以作歷史的證人耶？嘆嘆！

六種版本《推背圖》

歷代讖書作偽，可由互相比對而知其痕迹。王亭之試舉一例。王亭之藏《推背圖》六個版本——

一、彩繪明抄本，台灣中央研究院藏。

二、明鈔本（無圖），台灣中央圖書館藏。

三、明鈔本。芝加哥大學藏。

四、清初潘氏八喜樓鈔本，台灣中央圖書館藏。

五、清末石印本。芝加哥大學藏。

六、流行本（據稱八國聯軍之亂時，由清宮流出）。

六個版本的內容都不同，以時代言，則應自宋代以迄民初，其中以芝加哥大學藏本，及八喜樓鈔本最為寶貴，前者為宋本元鈔，後者則為明末鈔本。以時代言，則前者又貴重逾於後者。

六種版本，前四種同一系統，後兩種又自成一個系統。可是彼此之間的參差卻很大。流行本因有金聖嘆評註及張之洞手跋，而且又傳出自清宮，所以甚為讀者重視。但假如將六個版本加以仔細的排比，便會發現愈是年代早的版本，措詞愈俚俗，年代愈晚，讖頌便琅琅上口矣，這顯然是經過文人的修改。

有一讖頌，一般均認為指江青。「彩繪本」曰：「西山女子琵琶仙，皎皎衣裳幾萬錢，此時真到真朝帝，亂卻君王百萬年。」「無圖本」曰：「西方女子琵琶仙，皎皎衣裳成萬般，此時運迹歸朝市，鬧亂君臣百萬端。」「芝大本」曰：「西方女子琵琶仙，皎皎衣裳幾萬錢，此時得道歸胡地，鬧亂君王百萬年。」「八喜樓本」曰：「西方女子琵琶仙，皎皎衣裳幾萬錢，此時得道歸朝帝，鬧亂君王百萬年。」「石印本」及「流行本」皆作：「西方女子琵琶仙，皎皎衣裳色更鮮，此時渾迹居朝市，鬧亂君臣百萬般。」

「琵琶」二字有「四王」，指「四人幫」蓋無不合。要解釋，後二本的讖頌最通順，但王亭之卻認為「彩繪本」始近本來面目。

其實六種皆無一真本，若仔細比較，便會發覺，《推背圖》實不斷被人改動，將已知的歷史改成圖讖，加以比附，蓋實欲取信於當時人耳。是故愈晚出者，看來會覺得愈準確。

由此可知，許多讖書實在是彼此抄襲，在抄襲時，將過去的事說得活靈活現，於未來事，便多只抄流行的謠讖。間中亦有高人偽託古人，說若干未來時事則亦奇中，此必玄門高手之所為，然而一說得時代更晚，便茫如捕風矣。

所以坊本《推背圖》，在讖詩中可以說出「李闖」、「洪秀全」的名字，可是一到民國，便將「黎元洪」的名字嵌上去，此蓋當時黎元洪炙手可熱，卻未知其衰亡如是之速也。

「黎元洪」以後的圖讖，則或取舊文，或取謠讖、乩詩，其準確程度已不高。能夠預言「李闖」名字的人，為什麼就不能明言「毛澤東」、「鄧小平」？明乎此，便知實在不應認為「李闖」之讖奇驗，即可將之作為全書皆驗的證據。

自從王亭之透露，當年趙紫陽一上台，即預言其必倒，係據八喜樓鈔本《推背圖》加以推測，於是港台人士即對此鈔本甚感興趣。

這個鈔本雖然矜貴，但卻可惜編次紊亂。明明是五代時的事，次序卻顛倒至明代之後，顯然是經過故意顛倒次序的編排。世傳宋代開國皇帝趙匡胤、明代開國皇帝朱元璋都曾做過這件不光采的事，只不知他們所顛倒的，究竟是同一版本，抑或是不同版本。

既然經過顛倒編次，因此趙紫陽倒台以後的事，便不知應該用哪一張圖來銜接。王亭之曾將六個版本對比研究，始終得不出結論。又擬將此六個版本不同的《推背圖》作一整理，再摘錄歷代筆記中所記的謠讖，編成一冊，雖無意行世，可是「藏諸名山」亦必有價值。

只是人算不如天算，也可以說，冥冥中似有天意，每當王亭之一着手整理，例必有煩事發生，前後七八度，屢驗不爽。王亭之只好迷信，認為天機終不可洩漏。

讖謠的謎語特色

我們研讀古代留下的大量讖謠，會發覺讖謠的製作實非易事。一首令後人欣賞的讖謠，一定包含時間、地點、人物、事件、吉凶等幾個要素。

例如前述宋初時劉鋹據廣東，魚肉百姓無所不至其極，兼且其人似乎心理欠平衡，每每下不近人情的命令，故廣東人乃稱之為「蠻鋹」，流傳至今已成為廣府話口語，只是有些人誤書為「蠻橙」，乃失去本意。

當時廣州忽有童謠云：「羊頭二四，白天雨至。」結果於羊年（辛未年）二月初四，宋師擒劉鋹。

這則讖謠只八個月，便準確地預言了時間、事件以及吉凶，而人物與地點則盡在不言中矣。是故真可稱為讖謠的典範。

然而任何謠讖，一定要有神秘性，所以便要猜謎。蓋若直話直說，方術之士則必謂之「洩露天機」矣。而且神秘性一失，反而不易流傳，倒不如打點啞謎，讓人猜測，待有緣人能得索解而知趨避。所以謠讖的寫作方式，實在等於謎語。

不過謎語不須照顧到時間，而謠讖則正以能預言時間為特色，所以謠讖便多用到五行、生肖。如上例。「羊頭」即是「未年頭」的隱語，而「二四」，正指二月初四。

謠讖打謎，最常用拆字格。又或者只提及當事人姓名的偏旁。

例如南北朝時，涼州忽有謠語——「滅宋者，田土子」。

其時涼州牧張言靖不服中央，地方獨立，寵信宋混，封為「驃騎大將軍尚書令」，儼然為文武官的首領。這個宋混人如其名，混蛋得很，專門魚肉百姓，涼州人恨之刺骨。所以謠讖一出，誰都知道「滅宋者」的「宋」即指宋混。

宋混及其親信當然左猜右度，想猜出「田土子」指的是誰，無奈卻猜不出，宋混只好不下鄉，養尊處優於涼州城內。

其後，宋混的屬下，司馬張邕起兵，一夜之間盡誅宋氏及其親信，人們才恍然大悟，張邕乳名「阿野」。而「田土子」則是「野」字。可是當謠讖流播之初，卻無人會想到區區一個司馬的乳名。這就是用拆字法來預言人物及事件的例子。

又如東晉時桓玄篡位，而當時則有謠讖曰：「車無軸，倚孤木」。至桓玄失敗後，人們便解釋道，「車」字去掉中軸，再倚在「木」旁，便是個「桓」字，而讖語則顯然不祥，預兆桓玄失敗。這便亦是拆字法運用的一例。同樣的例子，在古代謠讖中可謂車載斗量，舉不勝舉。

前述的誌公和尚所作謠讖亦用拆字法。例如他有一首謠讖說——

「兩角女子綠衣裳，欲背太行邀君王，一止之月當滅亡。」

事前人都不能解釋，及唐代安祿山反，眾人才恍然，「兩角女子」即是「安」字；「綠衣裳」是「祿」字；「欲背太行」則隱含「山」字。至於「一止之月」即正月。

後來安祿山果然如期而敗。由於早有謠讖流傳，所以當時許多王公大臣都不肯降安祿山，寧願隨唐明皇赴蜀，或則遁迹潛藏。這首謠讖真可謂保存了不少人的名節及身家性命。

北宋末年，流傳着一首謠讖，說道——

「草青青，水淥淥，屈曲蛇兒破敵國。」

當時此謠亦不得解。及至金兵入汴涼，擄徽宗及欽宗二帝，鎮守北京的范致虛出兵，金人然後退出汴京。於是人們才恍然謠讖所指是「范」字。

於十二生肖中，「巳」肖蛇，草頭水旁加上「屈曲蛇兒」的巳，便恰是「范」字。這即是兼用到生肖的拆字隱語。不過後來范致虛卻亦並未能建功立業以破金兵，所以說謠讖縱驗，亦無非只在一時，而謠言讖詩則每每有所誇大。且重大的歷史人物卻反偏無謠讖可應，譬如岳飛與秦檜，並無謠讖言之。

謠讖用雙關隱喻

除了用拆字打謎之外，謠讖還喜歡用雙關的隱喻。這類謠讖，常常故意誤導，而其意則另有所指。

例如秦始皇時流行着「亡秦者胡」的謠言，於是秦始皇便急急徵民夫築萬里長城，用意即在防胡人入寇。誰知他的兒子偏偏就叫「胡亥」，帝位傳至胡亥手上，秦帝國便滅亡了，秦亡於此胡而非彼胡。

不過有些謠讖，雖然用隱喻，卻亦令當事人一聽便明白，可謂不煩索解。

隋煬帝於大業九年幸江都，一夜，忽聞迷樓宮女唱道——

「河南楊柳謝，河北李花榮。楊花飛去落何處，李花結子自然成。」

煬帝聞歌心不安樂，即披衣召唱歌的宮女來問：「此歌汝自作者耶？」宮女答道：「妾弟在民間得此歌，妾弟且言，道途小兒多唱此歌。」煬帝聞言，默然良久，嘆道：「此天意也，此天意也。」

蓋當時李密等在北方已漸成勢，煬帝生活放縱而實憂心忡忡，常攬鏡自照曰：「一顆好頭顱不知落在誰人手上。」難怪聞楊花謝而李花榮，便深夜披衣垂詢究竟了。

然而李密亦非真命天子，謠讖實指李淵，這便是其神秘之所在，而趣味亦在於此。

隋代的謠讖最為典雅，所以往往表面不見隱喻之意。如大業中有童謠唱道——

「桃李子，鴻鵠繞陽山，宛轉花林裏。莫浪語，誰道許。」

這樣一首像山歌的謠讖，原來卻是說李世民得天下，李密以及楊行密都失敗。

謠讖以「李子」喻李世民，「莫浪語」喻密，楊行密所建國號為「許」，「誰道許」即有否定其成功的意味。

然而種種隱喻亦必事後方知，在大業中，根本無人會認為李世民可以稱雄，尋且統一天下，亦無人知道楊行密會建立許國。

所以這一首童謠，真可以稱為謠讖隱喻的典範，而其韻致，又比拆字為喻高出很多。

還有一首五代時的謠讖——

「馬去不用鞭，咬牙過今年。」

這兩句謠讖，質樸一如民謠，誰知卻是五代時一件大事的預言。

五代時，楚國馬殷佔湖南二十州。馬殷死，其子希崇希萼爭國內訌，南唐乃乘機出兵，大將邊鎬攻克長沙，然而留守郎州的牙將劉言卻大敗邊鎬。劉言方正得意，卻又為部將王逬逵暗殺，時為新正大年初一。劉言的綽號名劉咬牙。

此謠讖「馬」、「鞭」、「咬牙」幾個詞，用得何等俐落。

唐宣宗咸通年中，有童謠云——

「草青青，被嚴霜，鵲始復巢看顛狂。」

當時絲毫猜不出謠讖之意，過了幾年，王仙芝作反，黃巢崛起響應，尋即取代了王仙芝的地位，這時人們才知道「草青青，被嚴霜」即是「黃」，下句則點出「巢」字。結語曰「看顛狂」，那就暗示其勢聲雖大，但卻必以失敗告終。

這謠讖之妙，在於曲曲折折傳出「黃」的意思，倘專向草字頭去想，便易為謠讖所誤導。

不過，隱喻的謠讖亦有幾乎等於是直說者，例如這一首——

「三羊五馬，馬子離群羊無舍。」

唐末有一名龐巨昭的人，官至密州刺史，卻精星緯之術，因世亂歸鄉住長沙，人因問其時佔據長沙稱王的馬殷，以及據淮南稱王的楊行密，二人的國祚長短如何？龐巨昭即以此謠讖解說，謂楊氏三代、馬氏五代，即「三羊五馬」也。後果即如其言。

由這故事，令人覺得謠讖之可畏，童子悠悠之口，竟預言了兩個覇主的國祚。童子何知，此豈真天意耶。然則，天又何必啟示許多災難給世人也。

近人屢聞謠讖有「水落石出」之語，那到底是人為，抑或是天意？

諧音謠讖的真偽

有一類謠讖，借諧音為意，很令人懷疑是事後的製作。

如李世民攻王世充，竇建德領兵來救，為唐軍大敗，逃入牛口渚，結果被生擒。於是傳謠讖曰：「豆入牛口，勢不得久」，此乃以「豆」諧音竇，極可能是竇建德被擒之後，人們的附會之言。蓋古人多忌諱，如鳳雛龐統之忌落鳳坡之類，故言「豆入牛口」也。

明末時，馬永成、張永、谷大用、魏彬四太監得勢，把持國政，後來失勢被殺，亦有謠吉云——「馬倒不用餵，鼓破不用張」，此即以「餵」諧音魏、以「鼓」諧音谷，是亦很可能是事後的製作。然而亦有一些寓意深遠的謠讖，雖用諧音，但卻絕非事後的民間附會。如北宋皇祐初年，忽有童謠云——

「農家種，糴家收。」

光聞謠歌，以為只是說糴谷的商人獲利，而種田的農家則為商人所欺。到了皇祐五年，儂智高作反，建南天國，宋將狄青戴銅面具，率軍大破之於邕州歸仁鋪，人們那時才恍然大悟，「農家」是指儂智高，「糴家」則指狄青。如此諧音隱喻，真可謂天衣無縫，較「豆入牛口」之類謠讖高明得多了。

研究謠讖，須分真偽，此則僅可以意會。

用乳名的謠讖

有些謠讖，若不知當事人的小名或諱名，則不知所指。例如前述「咬牙過今年」之謠，若不知劉言乳名咬牙，那就一定猜不着。

有一宗故事，與此有異曲同工之妙。

苻堅滅前燕，俘虜了慕容沖及其姊清河公主。俘虜後，不但不加罪責，反而寵幸異常，建內城為其姊弟的居所，名曰「阿房城」，意思是比阿房宮還要大。

其時有童謠云：「鳳凰鳳凰止阿房」，謠言傳到苻堅耳中，他反而大笑，認為這兩姊弟真的可以稱為人中鳳凰。又認為鳳凰非梧桐不棲，非竹實不食，乃命人在阿房城植桐竹各數十萬株，以應謠讖。

後來苻堅伐晉，大敗於淝水，旋即被殺，而慕容沖卻在阿房城登位，建立西燕，於是符合了謠讖——原來慕容沖的乳名正是鳳凰，當時不為人知，慕容沖登基後，前燕的老官人才透露出來。

像這樣性質的童謠，自然也有偽造的。如北魏皇帝拓跋燾親征盱眙，宋守將臧質答其勸降書，便說有童謠云：「虜馬飲江水，佛狸死卯年」，反勸拓跋回歸。這「佛狸」便是拓跋的乳名，不過其時已眾人皆知，臧質所報書，並非偽造謠言來嚇拓跋燾。不過拓跋果然於卯年被暗殺，此或又為陰謀家乘機行事。

隱喻身份特徵的謠讖

還有更令人難以猜測的，是用當事人的身份或特徵來作預言。

例如王莽篡漢時，民間忽出一謠讖曰——

「出吳門，望緹群，是一蹇人，言欲上天。令天可上，地上安得民。」

此謠讖久久不得其解。後來有一人名隗囂，乘中原大亂之際，於天水郡起兵，欲為天子，終為漢光武劉秀所滅。這時人們便知道當日謠讖之意。

謠中的「吳門」是指天水郡治冀縣的城門，「緹群」是天水附近的山名。「蹇人」即是跛子，隗囂幼年病腿，變成跛腳。

到漢末時，又出了一則謠讖曰——

「侯非侯，王非王，千乘萬騎上北芒。」

當時這謠讖亦不得其解，到了靈帝中平六年，靈帝駕崩，劉辯即位，改元光熹；八月，發生了何進被宦官所殺的大事，袁紹引軍入京殺了那些宦官，於是又改元為昭寧；可是才過了一個月，董卓便又廢帝為弘農王。

這時，中常侍段珪等數十人，脅持劉辯之弟劉協走北芒山，公卿百官皆隨其後。董卓乃派人迎劉協，立之為帝，改元永漢。至十二月，又稱為中元六年。翌年，董卓殺弘農王。

劉協上北芒時非侯非王，只是帝子，這謠讖真隱喻得恰如其份。

謠讖中的五行規律

謠讖的製作，當然也用到五行和生肖。

關於生肖，許多人已經熟悉，如子年，子肖鼠，丑年，丑肖牛之類，不必多談。至於五行方面，則無非十天干、十二地支都分配金木水火土，而謠讖則往往用五行的顏色來作譬喻，此即金色白、木色青、水色黑、火色赤、土色黃。

西漢成帝時，洛陽忽有謠讖曰——

「邪徑敗良田，讒口亂善人。桂樹花不實，黃雀傾其巢。故為人所羨，今為人所憐。」

這謠讖中的隱喻，便是「桂樹」與「黃雀」。桂花赤色，名為丹桂，所以象徵漢朝，因漢以火為德，是故便尚赤色。後來王莽篡漢，以土為德，顏色尚黃，故謠讖中便以「黃雀」來譬喻。說「桂樹花不實」，即暗示漢家天子不保帝位；說「黃雀傾其巢」，亦指王莽的命運不久長，終至破敗。

這便是一首很典型的，用五行顏色來作隱喻的謠讖。此風一開，後來的謠讖便都依此路數，一直到今日流行的《推背圖》、《燒餅歌》，可謂無不如此。

至於哪一朝代，應哪一種五行，那亦可謂冥冥中自有天數，非關人事選擇。

如前漢為火德，色尚赤。然則其後的情形又如何呢？

王莽以為火生土，所以篡位後隱然以土德自居，色尚黃，可是這人為造作卻並不發生作用，結果漢家火德未衰，給劉秀推翻了他的統治，建立東漢。

到了曹操，其子曹丕篡位，建立魏國，以土為德，其色尚黃。那就真的可算是火生土了。

於是司馬昭篡魏後，建立晉國，便以金為德，其色尚白，取土生金，紹繼魏代之意。

西晉之後是南北朝，然而北方雖然外族迭興，更替為主，可是南方卻依然是東晉，可謂金德未失。直至出現南北朝，宋、齊、梁、陳等國祚不長，又未統一，不算正統，及至隋代楊氏，才算是統治了中國大部分土地，結束南北分裂，而隋則以水為德，其色尚黑。

以後唐代為木德，因為水生木，故是唐代色尚青。

殘唐後的五代，僅屬混一，不算正統，繼唐的正統是宋代，以火為德，因為木生火，其色尚赤。

根據五行相生的承繼，果然元代為土，尚黃；明代為金，尚白；清代為水，尚黑，一路相繼下去。然後便是民國，偏偏會用「青天白日」，青為木，是水生木。如今當然是木生火的火德，所以其色尚赤。

我國朝代更替，一路依五行相生的規律，前一代的五行，生後一代的五行，如是火土金水木……地生下去，由漢至今，果然規律絲毫不爽，非人事故意附會。

以近代為例，國民黨選擇青色，當然不是故意附會五行相生，可是這麼一選，卻隱然符合了水生木的規律，變成以木為德，其色尚青了。以致那「青天白日」也就成為標誌。

共產黨不會相信五行相生這一套，所以他們以紅色為標誌，自然亦非故意造作，但「紅軍」、「紅旗」一成標誌，亦隱然符合了木生火的遞代規律。變成以火為德，其色尚赤。

由漢代的火開始，至如今的火，已經是火的第三代，也可以說是五行循環的第三個循環開始。

第一代的漢，終於有西漢東漢的變異；第二代的宋，亦有北宋南宋的分別，然而國祚卻相對他代為長久。所以前代寫預言的人，都有分裂的預言，如「分南分北分東西，偶遇異人在楚歸」之類，那就是覺得五行中，水的性質主聚，火的性質主分。

至於將來世運是否如此，那就要留待下回分解了。王亭之這一代，大概已無緣得見世局的重大變化，所希望的便只是一個清平世界，國家富庶，朝無貪墨，中國名聲威震世界。

方術紀異 下

作者
王亭之

編輯
圓方編輯委員會

美術統籌及設計
Ami

出版者
圓方出版社
香港鰂魚涌英皇道1065號東達中心1305室
電話：2564 7511
傳真：2565 5539
電郵：info@wanlibk.com
網址：http://www.wanlibk.com
http://www.formspub.com
http://www.facebook.com/formspub

發行者
香港聯合書刊物流有限公司
香港新界大埔汀麗路36號
中華商務印刷大厦3字樓
電話：2150 2100
傳真：2407 3062
電郵：info@suplogistics.com.hk

承印者
合群（中國）印刷包裝有限公司

出版日期
二〇一一年七月第一次印刷
二〇一七年六月第二次印刷

Published in Hong Kong by Forms Publication,
a division of Wan Li Book Company Limited.
ISBN 978-988-8103-56-0

王亭之以輕鬆的筆觸，暢談周朝至明代的風水故事，除了交代玄空風水的來龍去脈，更緩引不少風水騙術，作為迷信風水的鑒戒。

王亭之

風水平談

中州學派經典系列 六

定價
HK$128

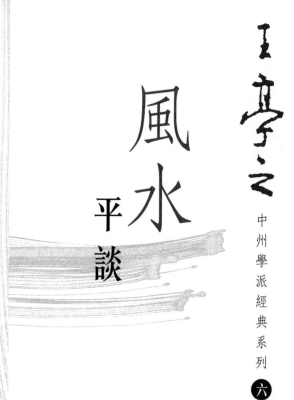

歡迎加入圓方出版社「正玄會」！

「正玄會」會員除可收到源源不斷的玄學新書資訊，享有購書優惠外，更可參與由著名作者主講的各類玄學研討會及教學課程。「正玄會」誠意徵納「熱愛玄學、重人生智慧」的讀者，只要填妥下列表格，即可成為「正玄會」的會員！

您的寶貴意見……

您喜歡哪類玄學題材？(可選多於1項)

□風水 □命理 □相學 □醫卜

□星座 □佛學 □其他＿＿＿＿

您對哪類玄學題材感興趣，而坊間未有出版品提供，請說明：

＿＿＿＿＿＿＿＿＿＿＿＿＿＿＿＿

此書吸引您的原因是：(可選多於1項)

□興趣 □內容豐富 □封面吸引 □工作或生活需要

□作者因素 □價錢相宜 □其他＿＿＿＿

您如何獲得此書？

□書展 □報攤/便利店 □書店(請列明：＿＿＿＿)

□朋友贈予 □購物贈品 □其他＿＿＿＿

您覺得此書的書價：

□偏高 □適中 □因為喜歡，價錢不拘

除玄學書外，您喜歡閱讀哪類書籍？

□食譜 □小說 □家庭教育 □兒童文學 □語言學習 □商業創富

□兒童圖書 □旅遊 □美容/纖體 □現代文學 □消閒

□其他＿＿＿＿

成為我們的尊貴會員……

姓名：＿＿＿＿ □男 / □女 □單身 / □已婚

職業：□文職 □主婦 □退休 □學生 □其他＿＿＿＿

學歷：□小學 □中學 □大專或以上 □其他＿＿＿＿

年齡：□16歲或以下 □17-25歲 □26-40歲 □41-55歲 □56歲或以上

聯絡電話：＿＿＿＿ 電郵：＿＿＿＿

地址：＿＿＿＿＿＿＿＿

請填妥以上資料，剪出或影印此頁黏貼後寄回：香港鰂魚涌英皇道1065號東達中心1305室「圓方出版社」收，或傳真至：(852) 2565 5539 ，即可成為會員！

＊請剔選以下適用的選擇

□我已閱讀並同意圓方出版社訂立的《私隱政策》聲明# □我希望定期收到新書資訊

顧客通告：個人資訊

圓方出版社收集個人資料作出聲明，本私隱政策聲明是根據香港特別行政區《個人資料（私隱）條例》—第486章（「條例」）。

個人資料收集

圓方出版社收集顧客資料包括顧客之姓名、電郵地址、郵寄地址、電話號碼、傳真號碼及各項喜好。

個人資料之使用

圓方出版社之顧客個人資料將直接用圖書業務，並向顧客傳遞以下訊息：

1) 新書；2) 特別推廣及優惠；3) 銷售；4) 活動；5) 公司之資訊

個人資料之披露

圓方出版社只授權已獲權限之人士處理顧客個人資料作有關圖書銷售之業務，不會銷售、租借、分享任何顧客個人資料給第三方或不屬於同一機構，除非得到顧客之同意。

查詢核對或修改個人資料

顧客可以發電郵到 info@wanlibk.com 查詢核對或修改其個人資料。

請填妥後對摺，黏貼後即可直接郵寄謝謝

請貼郵票

寄

香港鰂魚涌英皇道

1065 號

東達中心 1305 室

「圓方出版社」收

請填妥後對摺，黏貼後即可直接郵寄 謝謝

圓方出版社

正玄會

· 免費加入會員 ·

· 尊享購物優惠 ·

· 玄學研討會及教學課程 ·

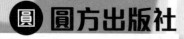